"中国劳模"系列丛书

U0669985

中国劳模

香醇味道的酿造者
张根九

史雅静◎著

吉林出版集团股份有限公司
全国百佳图书出版单位

图书在版编目（CIP）数据

香醇味道的酿造者：张根九 / 史雅静著. -- 长春：
吉林出版集团股份有限公司, 2025.6. -- ("中国劳模"
系列丛书 / 徐强主编). -- ISBN 978-7-5731-6133-8

Ⅰ. K825.38

中国国家版本馆CIP数据核字第2025DM2384号

XIANGCHUN WEIDAO DE NIANGZAO ZHE: ZHANG GENJIU

香醇味道的酿造者：张根九

出 版 人	于　强	
主　　编	徐　强	
著　　者	史雅静	
组稿统筹	东北师范大学文学院创意写作研究中心	
责任编辑	杨亚仙	
装帧设计	刘美丽	

出　　版	吉林出版集团股份有限公司	
发　　行	吉林出版集团社科图书有限公司	
地　　址	吉林省长春市南关区福祉大路5788号　邮编：130118	
印　　刷	唐山富达印务有限公司	
电　　话	0431-81629711（总编办）	
抖 音 号	吉林出版集团社科图书有限公司　37009026326	

开　　本	710 mm×1000 mm　1 / 16	
印　　张	9	
字　　数	78 千字	
版　　次	2025 年 6 月第 1 版	
印　　次	2025 年 6 月第 1 次印刷	

书　　号	ISBN 978-7-5731-6133-8	
定　　价	55.00 元	

如有印装质量问题，请与市场营销中心联系调换。0431-81629729

序 言

　　劳动创造财富，劳动创造幸福，劳动创造未来。习近平总书记在2020年全国劳动模范和先进工作者表彰大会上的讲话中指出："全社会要崇尚劳动、见贤思齐，加大对劳动模范和先进工作者的宣传力度，讲好劳模故事、讲好劳动故事、讲好工匠故事，弘扬劳动最光荣、劳动最崇高、劳动最伟大、劳动最美丽的社会风尚。"当今世界，综合国力的竞争归根到底是科技人才和高素质劳动者的竞争。改革开放以来，我们强大的工人队伍用辛勤的劳动和拼搏奉献的精神推动中国制造、中国智造、中国创造走向世界的前列，使新时代的中国面貌日新月异。大力弘扬劳模精神、劳动精神、工匠精神，加强高素质技能人才队伍建设，打造一支宏大的知识型、技能型、创新型劳动者队伍，是伟大时代赋予我们的历史责任。

　　劳动模范是民族的精英、人民的楷模，是共和国的功臣。自改革开放以来，广大职工勇立改革潮头，独立自主，奋发图强，勇于创新，其中涌现出一批批全国劳模和大国工匠。他们参与建设了代表中国高度、中国速度、中国深度的一系列重大工程，提升了国家实力，打造了"中国名片"，树立了"中国品牌"，增添了"中国力量"，充分释放出工人阶级的创新活力，展示出大国工匠的强大创造力。他们以工人阶级的满腔热忱在各自平凡的工作岗位上取得了辉煌的成绩，书写了新时代的壮丽篇章。

爱岗敬业、争创一流、艰苦奋斗、勇于创新、淡泊名利、甘于奉献的劳模精神，崇尚劳动、热爱劳动、辛勤劳动、诚实劳动的劳动精神和执着专注、精益求精、一丝不苟、追求卓越的工匠精神，是广大劳动群众在社会生产实践中锤炼形成的弥足珍贵的精神财富，是工人阶级伟大品格的具体体现，是民族精神和时代精神的生动诠释。民族复兴需要劳动模范，祖国强盛需要大国工匠，中国制造、中国智造、中国创造更需要大国工匠的强有力支撑。劳模、工匠等的成长故事、先进事迹中承载的劳模精神、劳动精神和工匠精神，是激励全国各族人民团结奋斗、勇往直前的强大精神力量。

"中国劳模"系列丛书，采用图文结合的方式，讲述全国劳模、大国工匠和先进工作者们的成长经历及他们追梦、筑梦、圆梦的故事，用他们在平凡岗位上创造不平凡业绩的真实故事感染读者，推动形成劳动最光荣、劳动最崇高、劳动最伟大、劳动最美丽的社会风尚，引导广大技术工人和青少年形成劳动光荣、技能宝贵、创造伟大的观念。

"匠心筑梦，强国有我。"新时代是一个万象更新、生机勃勃的时代，也是一个继往开来、创新创业和建功立业的大时代。希望广大读者能以劳动模范为榜样，以大国工匠为楷模，立志技能报国、技术强国，踔厉奋发，勇毅前行，锤炼思想品格，汲取劳动智慧，勇于担当、勤于钻研、甘于奉献，为推进新型工业化和乡村振兴，为加快建设制造强国、质量强国、航天强国、交通强国、网络强国、数字中国、农业强国，全面建设社会主义现代化国家贡献青春力量。

高凤林

中华全国总工会副主席（兼）

中国航天科技集团有限公司第一研究院

211厂14车间高凤林班组组长

2022年11月

扫码解锁

◎群英颂歌◎出彩人生
◎酒香万里◎奋斗底色

传主简介

　　他的故事淳朴悠长，如醇厚酒香——可以这样来形容本书的传主，全国劳动模范张根九同志。有趣的是，张根九同志恰好是内蒙古丰川酒星酒业有限责任公司办公室主任兼制酒车间主任，从1991年参加工作开始，他和制酒已经打交道30多年了。

　　张根九并没有什么波澜壮阔的经历，但这才是最真实、鲜活的人生。通过他的故事，我们能看见那些熟悉的、平凡的喜怒哀乐撑起沉甸甸的责任，构筑起人生的爱和奉献。

　　生活在贫困的家庭，成长在艰苦的岁月中，这些并没有让张根九自怨自艾，反而让他对淳朴的民风、勤劳的乡民产生了深厚的感情。贫瘠困不住种子冲破土地的决心，风雨吹不倒参天大树，因为它们深深扎根土地。带着这份与生俱来的牵挂，张根九用勤劳和智慧为这片土地增添了一份美丽。

　　成为全国劳动模范、当选中国共产党第十八、十九、二十次全国代表大会党代表，张根九是荣耀的、受瞩目的，可在他眼里，自己只是做了该做的。国家和组织给他的信任和鼓励，不是让他沉湎在过去的成绩里沾沾自喜、不思进取，相反，未来的路在脚下，要更加坚定地走下去。他始终把自己定位在劳动者的位置，把自己的初心使命书写在家乡的热土上，把自己的信仰交付给奉献和忠诚，把自己的智慧发扬在创新和进取上。他像是乌兰察布厚实土地上长出来的庄稼，风吹日晒而不倒，饱满丰盈却不炫耀，在岁月的酿造下，散发出恒久的醇香。

目 录

第一章　扎根在那片土地上

扫码解锁

◎群英颂歌◎出彩人生
◎酒香万里◎奋斗底色

内蒙古自治区乌兰察布市丰镇市，这里虽山山相连，但山间褶皱沟壑处相对平旷，养活了一方人。1969年，张根九就出生在这个虽不丰饶却民风淳朴的地方。他的父亲叫张皂虎，母亲叫范班班，都是土生土长的农民。张根九常说，他是农民的儿子、土地的孩子，他永远不会忘记自己的家乡，因为这里不仅养大了他，还给予了他一生取之不尽的精神财富。

良好家风传

张根九说，父母亲是对他影响最大的人。无论是在父母的回忆中，还是他的童年记忆里，贫穷都是绕不开的话题。呼啸的风和绵延的山让张根九的家乡显得格外苍凉、闭塞，面朝黄土背朝天几乎成了代代人的经历：祖辈生活艰辛、父辈常饿肚子、他这辈人要从小分担农活。可就算在这样的艰苦环境下，父母仍然十分重视对孩子们的言传身教，父母们的好学、勤劳、本分、善良深深地影响了张根九。

张根九出生、成长的小村子一直有浓郁的重学风气。村中族人虽然大部分以务农为生，却格外重视读书学习，1949年以前，许多家庭甚至把开私塾作为一条生计。张根九的爷爷早逝，奶奶在动乱不堪的年代里靠四处给人打短工把两个儿子拉扯长大，日子虽然艰难，但她却从来没有放弃让儿子学习。大伯虽然身体不好，但是对读书的热爱没有因疾病而减少分毫。帮衬家里的主力虽然落在父亲身上，但奶奶硬是顶着巨大的压力供已经13岁的父亲读了3年私塾。父亲深知学习的机会来之不易，于是边干活边废寝忘食地读书。

那时，村里人见张根九的父亲勤快有力，便喜欢找他帮忙干活儿。这其中就有到外面采买、交换生活用品的活儿，近则到离村儿十来里的隆庄古镇采买，远则赶车到山西大同附近拉煤。张根九的父亲抓住外出的机会，又学了不少新知识，见了不少世面。

成家立业后，父亲更加忙碌了，但他仍经常手不释卷。张根九听父亲讲过集体学习的场景：每天大家吃罢晚饭，村干部就打开队里的扩音器高声通知，大喇叭挂在村头高高的树上，能传得很远，男女老少一听见声音，便三五成群地往广场上集合。那时候村里识字的人少，但对知识敬重、渴望，学习气氛相当浓厚。下乡的知识青年先是教大家识字，然后再读报纸，一块儿学习国家政策，了解国家大事。

待学习结束，已夕阳落山，总有不少求知欲强的年轻人守在广场上不肯走，围着张根九的父亲，眼巴巴地盼着他们见多识广的皂虎叔能讲些让他们开眼界的故事。

"皂虎叔，您给讲一段吧，再给讲一段吧！"大家七嘴八舌地央求着。

为了听这段有趣的故事，大家纷纷行动起来，有的递上一支烟，有的拿过一杯水，张根九的父亲总是笑盈盈的，从不嫌烦，几乎每天都会来一段："那咱们就书接上回，话说……"

在那个娱乐活动缺乏的年代，每天晚上听上一段故事成了寂静小村庄里大家最盼望的事情。父亲绘声绘色，大家聚精会神，讲到精彩动人处，掌声、喝彩声接连不断，故事结束后，总有人意犹未尽道："皂虎叔，明天可得接着讲啊！"

张根九曾经非常好奇，只上过几年私塾的父亲是怎样知道这么多知识的。但很快他就找到了答案。他发现，无论白天多么忙碌，父亲总是会抽出时间来看书，像《水浒传》《三国演义》《西游记》《封神演义》《岳飞传》等。父亲每天至少会读一到两章，还会做批注。慢慢地，张根九也学着父亲的模样，闲暇时以书为友。那时候虽然年纪小，但读书给他带来了巨大的收获：很多人物形象、很多人生道理，都不知不觉地走进了心里。

父亲是邻村的粮食管理员，负责整个村的口粮。但在粮食最紧缺的时候，张根九家里也没有一粒余粮。

当时，张根九家与父亲负责管理的粮库只间隔了一条河，约一里路，而且平时几乎没人去查粮食的数量。可以说，只要他们想，家里的小孩子都可以拿上钥匙到粮库里偷偷带走粮食。可是这样的事情，母亲从来都没有动过心思，父亲也绝不会允许那么做。

由于父亲经常不在家，孩子们又小，母亲既得顾大队农活又得操持家里，日子忙碌又艰辛。当时大家吃饭要集体排队去领，这可愁坏了母亲。带着孩子排队不方便，只能先送孩子回家，再去打饭。可是人多饭有限，等到母亲去的时候往往就不够了。几次下来，村里有位分饭的邻居就注意到了这件事。有一回，母亲还是照例排到了队尾，却见这位邻居把满满一大份热气腾腾的饭菜端了出来，直接递到母亲手上。

"这是……"母亲愣住了，有些不明所以。

邻居推了推饭菜，笑着解释道："皂虎媳妇，我看你回回都最后来，剩那一口哪够你们一家吃？家里小子们都长个儿呢，不得多吃点儿？我预先把你们家的留下了，以后都这样，你就不用着急了！"

母亲眼角漾起了泪花，对着邻居连连道谢："太谢谢你了！"

这一下倒让邻居不好意思了："都是乡亲邻里，你们家人又那么好，客气啥！"

就这样，和张根九父母一样质朴的人民群众互相扶持，一起挺过了那段艰难岁月。

后来虽然不用再挨饿了，但日子也算不上富裕。父亲成了本村果园、菜园的负责人。苹果树和杏树抗旱、耐瘠好种好活，根扎得深还能固土肥地，故而成为村里果园的首选树种。常年同父亲一起工作的共三个人，其中一个腰部有残疾，偌大的园子劳动量可想而知，父亲总是亲力亲为从不抱怨。

每年7月份的时候，杏儿差不多熟了，那黄澄澄硕大饱满的果子放肆地飘出诱人的香气，任性地压弯了枝头，也压弯了大家披星戴月的身影。只有实在忙不过来了，父亲才会请几位队里的人帮忙。杏摘完了还有黄太平果，光一棵黄太平果树就能打下500斤左右。之后还有秋海棠、123小苹果，好几个品种的苹果接二连三地丰收。

这些事情张根九只是听父亲说过，从没亲眼见过，因为父亲从来不许家里人进公家的园子，他从不借职务之便拿公家分毫。如果一定要说他带走了什么，也就是薅儿把同果树、蔬菜争养分的野草回去喂兔子。有时候人们开玩笑："你这行，上头盖着兔草，下头能装好些果子、菜的回家吃。"每每听到这些，父亲便不多说什么，只把手上的筐放下，一拢一拢地把草都摆出来，露出干干净净的筐底。因为父亲的言传身教，才几岁大的张根九从来不会偷进园子一步。童年时代的夏天，混合着阳光味道的果子香香甜甜，张根九喜欢远远地闻那诱人的香味，如果再能捡到一大堆人家不要的杏核当玩具那就更幸福了。对小小的他而言，这实在是无忧无虑的好时光。

父亲从来不夸耀自己的成绩，但他负责的果园、菜园年年丰收，早就传遍十里八乡，县里和公社的领导们经常去参观。公社里每年一度的评选，父亲都是先进。每次参加表彰会后回家，父亲都是醉的。张根九趴在炕上看父亲晃晃悠悠地进了家门，鼻子里哼着的小曲儿都是断断续续、带着酒味儿的。

"咋喝这么多！"母亲一边帮父亲换衣裳，一边嗔怪道。

"嘿嘿！高兴！你看——"

父亲就跟变戏法似的不知道从什么地方变出来一个水杯。

"呦！真不错，这是奖励你的啊！"母亲笑着从父亲手里接过杯子，细细端详。

"那可不，这是对我工作的肯定！孩子们睡了没，来看看爸得的这杯子好看不——"父亲一句话就把孩子们都招呼了过来，大家都围着看，都想要这个稀罕的杯子。

"甭急，爸争取多得几个，让每个人都有份儿。"

"好！"孩子们异口同声。

后来，父亲的这个承诺不仅兑现了，还超标了——年年评奖年年得，家里的杯子多得都放不下了，母亲开始发愁该往哪里归置，一来二去，索性就送了人，父亲也乐见其成。母亲一直都是这种乐于助人、甘于奉献的性格，村里人都知道，哪家如果有什么需要帮忙的，只要和母亲说一声，她便会竭尽全力。

早年间，在记工分的时候，因为父亲母亲勤快能干，张根九家里工分高，分的粮食也多，一直是余粮户。时间长了，好些亲戚朋友家里揭不开锅，就来张家问问有没有余粮，他们不敢向父亲张口，便都找母亲借。有时，父亲看见箱中的粮食有了短缺，就问母亲，母亲总是帮忙搪塞。实在瞒不住了，她就笑笑说："借粮的他们家孩子多，帮他们渡渡难关。"

父亲向来知道母亲的心性，同样质朴善良的他也从不多计较。大部分的亲戚朋友都会及时还上，但也遇到过拖欠的、不认账的，即使如此，父亲母亲也从来不曾停止帮助别人。

张根九永远都记得母亲的谆谆教诲："孩子，做人要踏实，要善良。"这片生养他的土地从来不会讲大道理，却处处教会他如何为人处世。

难忘恩师情

在沟壑纵横的黄土地上，想养好一棵硕果累累的树，要耗费更多的精力、付出更多的劳动。同样，在闭塞贫穷的小村庄里，孩子们想要出人头地，需要老师奉献更多的爱心。都说"十年树木、百年树人"，在这里，园丁与老师真正合一，相互代言。

在开蒙的年纪里，张根九遇到了一位严厉又严谨的好园丁——岳文文老师。岳老师负责教授语文课，俗话说："七八岁，狗嫌烦。"让这群在田野里疯跑一整天都不会累的孩子安安静静坐在板凳上听40分钟的课，如同让大闹天宫时期的孙悟空去参禅打坐，能坐得住就怪了。张根九虽然不是最调皮的一个，但也是没听几分钟课心思就飞到九霄云外了。他的视线从讲台上移到了周围正不知道捣鼓什么的同学那儿了，正看得出神之际，突然肩膀一痛，不知被什么东西砸到了。他下意识地

"哎哟"一声。本来以为是哪个同学在捉弄他，心里的火"腾"地就要发起来，但循着东西飞来的方向抬眼一看，立刻就蔫儿了下来。

砸他的不是别人，正是岳老师。而这正是岳老师的"拿手绝技"——精准无误地用手里的粉笔头击中上课不认真听讲的同学，这可是让班里的"小猴子们"都头疼不已的"绝技"。张根九对上岳老师带着怒气的眼神，什么天马行空的想法都烟消云散了，连忙老老实实地正襟危坐。

正是好动又胆大的年纪，虽然被逮到了，但自然是不服气的，学生们总是变着花样地耍小聪明，可每一次都逃不过老师锐利的眼神。这群小猴子为了逃出岳老师的"五指山"，决定以彼之道还施彼身，"苦心"练习这项扔粉笔头的"绝技"。练来练去，最终也没有办法达到岳老师指哪打哪的程度，只得甘拜下风。从此以后，只要是岳老师的课，大家再也不敢造次，都乖乖听课、记笔记。

长大后，张根九回忆起和岳老师从斗智斗勇到心悦诚服的童年经历，除了觉得有趣，还深深感念岳老师的良苦用心。岳老师虽然严厉，却让课堂纪律有了保证，学习效率得以提高。岳老师的课从来都是充实、高效的，在他的课上不仅能学完课本上的知识，还能保质保量地完成作业，不必再在课下费时间去琢磨。正是这3年的启蒙，给张根九打下了坚实的语文基础，也让他养成认真专注、高效守时的良好习惯。

除了岳老师，在张根九童年时代幼小心灵里留下深刻记忆的还有一位特殊的"老师"。就像金庸小说里深藏不露的"扫地僧"一样，这位"老师"是小村庄里一位平易近人、每天拿筐子拾粪的老汉，也是大家口口相传的"武林高手"。只是，几乎没有人见过他露出真功夫，一来二去，好奇、质疑的声音不绝于耳。

有一次，村里粮田看护队完成了任务，正在百无聊赖之际，人群中突然冒出来了一声："叔，给咱们露一手怎么样？"

这一下子又点燃了大家对那些"江湖传说"的兴趣，纷纷把注意力放到了"武林高手"这儿。

"露啥呀，你是叫老汉我丢人现眼。"老人摆摆手打趣道。

"叔，都知道你有绝技，来一个，来一个！"

声音哄在一起，此起彼伏，不绝于耳，老人实在拗不过大家，便随手将看田人放在门口的长矛抓了过来，只见他面不改色地将手中的长矛抖了起来，长矛在他手里上下翻飞，速度越来越快，突然间，那长矛就刺向了队部的大门，直直地穿透了门板。众人皆目瞪口呆，一时连鼓掌叫好都忘记了。

见识过了老人的招式，村里人对他的功夫钦佩不已。常常有人追着向他讨教诀窍，老人便谦虚地说自己只是练得多而已。

后来又有一次，村里一个孩子贪玩爬上了一个废弃的土房顶。那土房年久失修，屋顶的瓦片已经松动，孩子站在上面摇摇晃晃自己爬不下来，吓得哇哇大叫。众人见状焦急地围了过来，却都束手无策，只能站在下面干着急。有人大声地叫着孩子的名字，但这么一叫反而让孩子更加害怕，随时有可能掉下来。

这时候，有人把老人请了过来。看到眼前的情景，老人没有丝毫犹豫，从院子里助跑几步，然后猛地一跃，一把抓住了房檐，三下五除二就爬上了屋顶。

整个过程不过短短几秒钟的时间，看得众人惊心动魄。他们紧张地屏住呼吸，直到老人稳稳地站上屋顶抱起孩子，才松了一口气。老人把孩子安全救了下来，四周掌声雷动。

这下老人的名声更响了，找他讨教、拜师的年轻人也更多了。张根九当时年纪不大，也跟着去凑热闹。只是不管谁来，老人一概选择拒绝。村里人不解，老人叹了口气向大家解释了自己不收徒弟的原因——许多年前他曾经教过一个青年，可是这个毛躁的人学了不过几个月，便用功夫来打架，还伤了人。老人十分愧疚，觉得是自己没有尽到老师的责任，便下定决心不再轻易教人功夫。

"后生们，学艺先学德，无德不成人！"老人的话给小小的张根九极大的震撼。若干年后，张根九仍然很感慨，尽管没有学到老人的一身功夫，可是却实实在在学到了老人谦逊、踏实、有担当的品质。

时间如白驹过隙，孩子们在不知不觉中逐渐成长起来。小学毕业之际，张根九的班级由两位下乡插队的知识青年——孙伯兰老师和高智和老师负责教学。两位老师构筑起一片春风化雨的天地，滋润了孩子们的头脑和心灵。

尽管环境艰苦，生源普通，两位自城市而来的老师却从不抱怨。问及原因，两位老师都不约而同地说被淳朴的民风所感染。这里的老一辈人都希望把孩子们送出去，送到绵延的大山之外，让孩子见更多的世面，回馈脚下的这片土地，或者至少不做"睁眼瞎"，待人接物有素养有文化。因此，他们对知识有着天然的渴望，对老师有着最真挚的崇敬。

孙老师是来自北京的优秀知识青年，凭着对教育的满腔热爱，毅然扎根在乌兰察布这片贫瘠而厚实的土地。小村庄的孩子们底子很差，孙老师就手把手地从头教起。既教新学的知识也补以前的知识，从背课文到讲授学习方法，每个学生她都会关注到，为此忙到连自己的孩子也不得不交给其他人帮忙照看。

课上学习的时间不够，孙老师就在课下利用自己的业余时间给孩子们一遍遍地讲知识点，组织大家相互监督检查。孩子们从来不会抱怨或抗拒，时间经常在一片热火朝天的讨论中飞逝。一次，放学后淅淅沥沥开始下雨，大家沉浸在学习的热烈氛围中完全没有意识到。孙老师见天色阴沉，便催促孩子们道："赶快回家吧，咱们明天再继续！"

可是孩子们却意犹未尽，甚至学得不愿意回家，眨巴着眼睛恳求孙老师："老师，我们再多学一会儿，一会儿再走。"

孙老师笑了笑："都多晚了。这样，家长来接的赶快走，剩下的同学们我再陪等一会儿。"孩子们出了校门才发现，家长们早就撑着伞在外面默默地等了很久。虽然雨一直没停，天色也从明转暗，可没有一个家长因为孩子留堂就径直闯进校园里，因为他们都知道，老师是在教孩子做人的道理和生活的本领，是为了自己孩子好。

最后，有一些家长因为太忙了实在没空儿来接，孙老师又不放心孩子们自己走，就决定亲自把他们送回家。孙老师拿出来事先准备好的雨伞，一人一把分发下去。"根九，拿好，咱们走。"张根九接过伞乖乖跟在老师身后，老师的身影在蒙蒙雨丝里格外柔和。他跟着这柔和却坚定的身影一步一个脚印，走学习的路，走回家的路。

"看脚底下，别摔了啊。"

"好！"童声整整齐齐。

大家在雨里咯咯地笑，还意犹未尽地讨论着今天的知识点。

孙老师熟悉每个孩子的家庭住址，把他们都安安全全地送到了家门口。张根九站在家门口同老师挥手告别，目送老师带着其他同学走远了才肯转身进门。

这种尊师重教的氛围影响着孩子们，孙老师常常感慨："村子里的孩子们虽然有些固执，但太可爱了，学习太刻苦了。"

高老师和孙老师搭伴教学，他们两个向来配合默契。那时学校设在村子里，学生家与老师家都离得比较近，高老师是为数不多住得远的。张根九比较勤快，他拿着班里的钥匙负责开门。好几次清晨，当他不疾不徐地往学校走时，老远就看见高老师已经站在教室门口了。天冷了，晨曦未起，残夜西风里高老师的身影淡淡的，正搓着手取暖，看得张根九心里很不是滋味。

他飞跑过去，用洪亮的声音同高老师打招呼："老师，早上好！"

"你好啊，来这么早。"高老师笑着回应。

张根九径直走到门锁旁边，晃晃手中的钥匙："老师，我是负责开门的，下回我再早点儿到，不叫您在外面等这么半天！"

"没事，你正常来就行。"

高老师进了教室，放下东西，稍稍暖和一下手，便拿起粉笔开始忙碌，不一会儿就密密麻麻地写满了一黑板字。老师一边写，张根九一边歪着小脑袋看，他发现高老师是在写应用题，这些题都是课本和练习册上没有的。

"老师，这题是？"张根九好奇地问道。

"书上的题太少了，我给你们找了点儿，以后早晨的数学课就写这些题。根九，既然来了，就坐那儿抄题提前去做吧！"

张根九终于明白为什么高老师要来这么早了，心下感动不已。一来二去，张根九便成了班级里每天第一个到校的，开门、打扫、收拾，一顿忙活，把黑板擦得干干净净等高老师把它写满。

慢慢地，天更冷了，即便如此，张根九依然把第一个到校的习惯坚持了下来。那时候，火炉子是冬季教室里唯一的取暖设施，只有值日生早早过来把炉子烧旺，屋里才会暖和。可生炉子这是个并不轻松的活儿，轮到班里的女生值日，这项任务就令她们头疼不已，张根九就主动包揽了下来。

日头渐升，同学们陆续到校，教室里早就热乎起来了。干净温暖的教室里，高老师还是雷打不动地每天早早将前一晚选编的应用题抄写在黑板上，整整齐齐，满满当当。孩子们并不知道这些题花了老师多少时间、精力，但是孩子们知道，这些辛苦在大半个学期后变成了他们本子上、卷子上越来越多的红对钩。

在张根九临近毕业的时候，高老师为了让孩子们顺利升学，把自己周末的时间都腾了出来义务补课。那时候还没有九年义务教育，村子里只有一所小学，要想读初中得去镇子上读，并且要凭本事考取。这是孩子们能够走出去的第一次机会，高老师的心思几乎都扑在了上面。

一个礼拜天的课间，班级里几个调皮的男孩子在门口相互追赶着玩闹，这时候有几个女孩子从外面要进教室，两边迎上了，来不及躲闪，一下子都摔倒了，像叠罗汉一样叠在了一起。七手八脚把人扶起之后，大家发现有个女孩子怎么也站不起来了，她坐在地上哭着直喊疼。

"没事儿，就是压麻了，你缓一缓估计就好了。"起初大家都没有在意，毕竟磕磕碰碰对于正处于调皮时期的孩子们来说是家常便饭。

可直到上课了，这个女同学还是疼得站不起来，大家纷纷又围了过去。正慌神之际，高老师来了，他一眼就看见坐在地上的女同学，连忙问："怎么了？"

"老师，摔着了，我疼。"女孩子抽泣着回答。

在得知情况以后，高老师没有半刻犹豫，连忙将人送往医院，又通知了家长。

情况不甚乐观，这位女同学骨折了。伤筋动骨一百天，既身体疼痛又耽误学业，绝不能算是小事。然而这位家长二话不说，就要把女儿背回家自行休养。

　　"高老师，孩子这伤我们自己处理就行了，您快回去给其他孩子上课吧！"

　　在自己的课上受了伤，高老师怎么能放心得下？当即掏钱要给女同学再请医生。女同学的家长却说什么也不肯："您这是干什么！快收了！快收了！"在他们心里，高老师牺牲自己的休息时间给学生补课，这已经叫人过意不去了，现在还要给学生看病，实在说不过去。

　　后来，担心这位同学跟不上，高老师就挑休息时间去她家里指导她学习，并让几个同学和她一起学习，把在课堂上落下的东西补上。

　　功夫不负有心人。那一年全县统考，张根九他们这个名不见经传的村小毕业班取得了全县第一名的好成绩，比县城里最好小学里最好的班级都要高出许多分。建校以来，还没有考出过这么好的成绩，高老师和孙老师被评为优秀教师。之后，两位老师的名气也越来越大。特别是孙老师，她不仅教语文还教过数学、自然、历史、地理等学科，学校需要她教什么，她就能教什么。慢慢地，孙老师成了名师，城里不乏条件好的学校开出优厚的条件挖她过去，孙老师说什么也不肯。直到村里的学校又调来几个老师缓解了师资压力，她才去隆盛庄中学挑大梁。

神奇的是，不论在什么地方，不论教什么，学生们没有一个不尊敬她的。尊敬她的师德，尊敬她的人品，佩服她的学识。

从开蒙到毕业，充实的6年承载了张根九太多的美好记忆。若说唯一遗憾的事情，那便是大家没有意识到普通话的重要性。

孙老师的普通话十分标准，也深知语言交流的必要。因此，在教学的过程中，孙老师前后推广了十几次普通话。她深知，对于很多来自农村和偏远地区的学生来说，普通话不仅仅是一种语言，更是他们走向更广阔的世界的桥梁。然而，在推广普通话的过程中，孙老师遇到了很大的阻力：学生、老师和家长都习惯了用方言交流，对普通话的推广充满了抵触情绪，他们觉得普通话难学难懂，认为用当地方言交流足够了，何必多此一举。面对如此情形，孙老师虽然心痛，但也无法强人所难，只好在课堂上语重心长地对学生们说："现在你们可能不理解，但等你们长大以后，就会明白普通话交流的重要性了。"

张根九当时也不理解学普通话有什么意义，不过孙老师的话却让他印象深刻。后来，国家大力推广普通话，张根九也走出了大山，这才明白孙老师的先见之明与良苦用心。每当回忆起这段经历时，他都会感慨万分，遗憾当年没有认真学普通话。所幸，张根九后来在日常生活中勤学勤练，也算是为时不晚。

这些远见卓识，随着时间的沉淀光芒越加璀璨，年少时听过的知识，学过的道理，终在生命里有了它的用武之地。

抉择人生路

时间把在田野里撒欢儿奔跑的孩童变成了少年，肩能扛、手能提，意气风发、挥斥方遒。在镇子上读了3年初中以后，1985年，16岁的张根九考入了当地一所高中。父亲笑开了花，说什么也要全力支持儿子把书念下去。不过这个时候，张根九却犹豫了，打起退学的念头。快开学之时，当父亲喜滋滋地准备送他去学校时，张根九嗫嚅了半天，才鼓起勇气同父亲说出自己的决定："爸，我不念了。"父亲听见这话，愣了好半

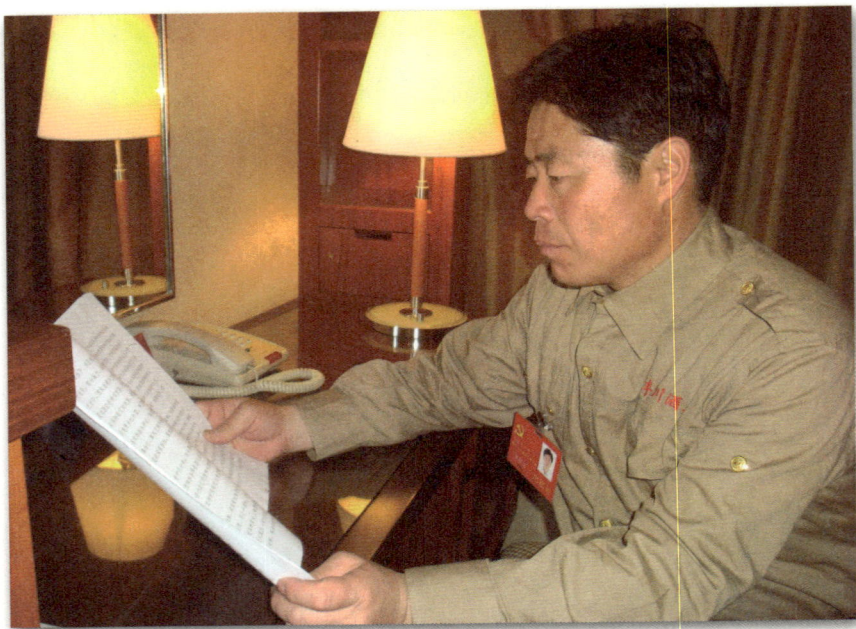

⊙ 2012年，张根九在北京国际饭店学习

天，而后长长叹了一口气，看着张根九的眼睛认真问道："儿啊，你和爸说，是不是家里的原因？"

知子莫若父。父亲素来知道自己的孩子是勤奋好学的，断不可能因为畏惧吃念书的苦才作出这种决定。短短一句话，直直戳中了少年毕业以来辗转反侧的心事。张根九不敢直视父亲的眼睛，他害怕看到父亲失望的眼神，但是他更害怕的是自己一旦选择继续读书，父母就要吃更多的苦。

原来，就在张根九读初三的这年冬天，一天清晨，父亲照例让张根九的哥哥跟着两个邻居赶马车进城买农家肥。然而，任谁都没有想到，行进途中的马车被一辆因路滑而失控的汽车撞上，张根九的哥哥就丧生在这次事故里。白发人送黑发人，这样的伤痛旁人难以体会。张根九的母亲从听到消息的那刻起就停不住哭泣，眼泪都要流干了。父亲沉默着一根一根地抽烟，一遍遍自责是自己害了儿子。

不到一年的时间里，张根九眼看着父亲和母亲因思念、愧疚而苍老憔悴了太多，他实在于心不忍。从那时起，懂事的张根九就帮着家里分担了更多的农活，还因此有些耽误学习。所以，当中考成绩出来以后，虽然分数够念高中，但张根九委实没有信心能在3年后考进大学。更何况，就算能考上，又是4年的时间没有收入来源。倘若真的让父母顶着巨大的压力再供自己读7年书，张根九宁可不要自己的前程。几乎没有什么心理斗争，少年心中的天平偏向了父母，作出了影响人生的第一个抉择——不念高中了。

可是，父母心中的天平也偏向了孩子，他们说什么也不同意张根九放弃学业，可是根本拗不过已经下定决心的儿子。9月正式开学时，张根九没有去报到。父亲看着倔强的儿子，愁得一根一根地抽烟。彼时秋忙早已经过去，家里承包的责任田也基本上收完了，闲下来的村民们无所事事，打牌、喝酒，一天一天地消磨日子。父亲怕张根九的大好年华蹉跎在这些琐碎里，说什么也要逼着他去上学。父亲把张根九叫到身边："儿啊，坐吃山空，咱家的活你得去干。"张根九自然应允，于是父亲每天变着法地给他派重活儿，为的就是让他明白"吃生活的苦不如吃学习的苦"。但是父亲没有想到，干这些重活对于一心想帮衬家里的张根九而言根本算不得"苦"，他不仅乐在其中，而且还干得十分麻利，每天早早就能完成。更让父亲惊喜的是，儿子并没有和村里许多游手好闲的人一样凑在一起侃天侃地，而是对象棋产生了兴趣。每天晚上跑去和村里人学棋成了张根九的必修课，而且棋技进步飞速。整个秋冬季节，少年的时间不是用来做营生就是学下棋，虽然没有上学，但他也过得充实快乐，不曾荒废时光。

冬去春来，冰消雪融，呢喃的燕子和报春的布谷鸟催着人们快快犁田翻地。一番辛勤，张根九帮着家里给庄稼的长势开了个好头，但这之后，他就不知道该干什么了。村里的年轻人在春种之后几乎都去打工，都走向了外面的世界，村庄里留下的基本都是老人和孩子。看着眼前的情况，张根九开始反思："真的要在这种一成不变中度过一生吗？"

他爱脚下的这片土地，爱含辛茹苦养大他的父母，爱所有出现在他成长岁月里的善良质朴的乡亲。可是，倘若一直这样下去，他将永远没有能力去改变家乡贫穷的面貌，他的爱也只能和宝贵的青春一样在岁月长河里沦为一声叹息。

意识到这些，张根九逐渐改变了自己的想法，他主动找到父亲："爸，我想继续念书，想回去复读。"父亲听见儿子终于想通了，欣慰至极："你早该去读书，咱家的房子还没卖呢，你咋就能不读书了？"在父亲的大力支持下，张根九去复读了。可惜的是，半年的蹉跎让他离升学差了3分。

再一次与学校失之交臂，虽然遗憾，但张根九很快就振作了精神，不再彷徨。他斩钉截铁地选择再努力一年。父母依旧站在他的身后，支持他的决定。那一年的压力、辛酸只有他自己知道，可是，于他而言那些苦都不算什么，他始终知道自己的目标在哪里，任何事情都不能绊住他读书的脚步。终于，1987年，18岁的张根九以优异的成绩考入了心仪的乌兰察布盟工业学校。

第二章　校园里成长的好时光

扫码解锁

◎群英颂歌◎出彩人生
◎酒香万里◎奋斗底色

　　成长馈赠给每个人的礼物都是做自己，由之而来的难题则是做怎样的自己。未来尚没有到来，所以谁也不知道未来意味着什么，可正是当下的每一步决定着未来。18岁，张根九在人生的十字路口选择了一条朴素又充盈的求学之路，并遇到了好的引路人。

打破了幻想

　　收到录取通知书以后，父亲并没有大张旗鼓地炫耀，只是把亲朋好友叫到家里简单地庆祝了一下。张根九十分认同父亲的安排。在他心目中，鞭炮齐鸣锣鼓喧天的排场都是虚名，手里这张散发着油墨香的通知书，父母脸上欣慰的笑容，亲朋师长的祝福和叮嘱才是最实实在在的幸福。

　　不过，走出山村到更远一点的城市去看看是他的梦想，他按捺不住地想象，想象城市，想象学校，想象那些未曾见过的美好模样。青春的心对外面世界的悸动，投在他脑海里的是止不住的幻想，他坚信，即将度过的最美好的4年青春时光，一定是在一个惬意舒畅的环境里。

日子飞快地来到了报到那天，手握着录取通知书，带着大包小包的行李和父母的爱与担忧，张根九踏上了求学的道路。第一次远行，第一次走出丰镇的农村，来到了集宁市区里。公交车虽然颠簸，但是比车子更不平稳的是张根九按捺不住的激动心情。脑海里浮想联翩——城市的繁华、学校的气派、马路的平阔，仿佛下一秒钟窗外的高楼大厦就属于自己了。车子走了一段路，上来了许多人，其中两个戴着眼镜的年轻人在轻声交谈，话语中提到了"工业学校"。这一下引起了张根九的兴趣，他实在是激动又好奇，心跳不自觉就怦怦加快，可是又不敢贸然打扰，略思索一下，悄悄地凑过去，竖起耳朵用心听着。

张根九专心看着、听着，目光黏在了那两个年轻人的身上。也是巧，那两个人不经意一回头，目光与他相遇。张根九被这无意中迎上的热情目光看得有些尴尬，一时之间不知道该怎么解释了。那两个年轻人倒是很坦然，上下打量了一番他青涩的模样，其中一个打破了寂静，朗声开口问道："同学，你是去读书吗？去哪里读啊？"张根九顿时不害羞了，带着几分掩不住的骄傲道："我要去工业学校，今年刚刚考上的！"两个年轻人看着他自豪的样子，笑了起来："巧了，我们也是这个学校的，比你早一年。"

想不到这么快就遇到了校友，还是两位热情善良的学长，张根九又惊又喜，很快就和他们熟络起来，三人相谈甚欢。聊天时，张根九把憧憬和盘托出："学长，咱们学校是乌兰察布数一数二的好学校，是不是特别漂亮啊！"他兴奋得像是一只刚学会飞翔的小鸟。两位学长听了他的发问互相看了一眼，而后无奈地笑笑，决定把现实这盆冷水"毫不留情"地泼下去："其实我们当初和你一个想法。只能说，集宁还不错，但咱们学校是在郊区，离集宁市区比较远，而且建校比较晚，条件吧……我这么和你说吧，不一定有高中校园好……"张根九听后有些傻眼，失望的表情难以掩饰，这么多天以来的幻想仿佛泡沫一样瞬间被戳破了。学长们看他这沮丧的模样，一时不知道该怎么安慰，也只能说一句不知管不管用的话："不过，咱们学校校风很好，去了你就知道了。"

年轻的心自是更容易被五光十色所吸引。可是不得不说，两位学长的安慰确实是到位的，若干年后再回望来时路，母校让张根九最为骄傲也最为受益的便是良好的校风。只是萍水相逢，两位热心的学长便帮着初来乍到的张根九搬行李、办报到手续、熟悉学校。虽然刚刚在车上，张根九已经在两位学长的坦诚相告中有了一定的心理准备，但当校园的简陋陈旧一一映在眼睛里时，他还是不由自主地叹了口气。不过，这声轻轻的叹息所包含的惆怅很快被抛在了脑后，要忙碌的事情太多了，一切都安排好以后，已经临近中午。

"饿不饿？走，带你去打饭！"两位学长热情极了，拉着张根九就走。学校的食堂用的是专门的粮票和饭票，不能直接用人民币购买，张根九正不知所措之际，一回头发现学长早就帮他打好了饭菜，正招呼他："去我们宿舍看看，咱们一边吃一边唠！"

校园真的不大，学长们的宿舍没几步路就到了。推开会发出"嘎吱——"声响的门，张根九噗嗤一下就笑了："我们的宿舍条件真的差不多。"学长也笑着搭话："对，男生的都挺破的。女生宿舍条件好一点，总不能叫姑娘们住得破破烂烂的吧。""大老爷们，糙就糙点！""说得好！"言语谈笑间，学长已经把凳子搬过来示意他坐下。张根九一屁股坐稳了，即刻开始扒拉着饭盒里面的菜和饭，一上午奔波，他真的饿坏了。

"学弟，咱们能碰见就是缘分，以后有什么困难就来宿舍找我们！"学长一边给他夹菜一边对他叮嘱道，"在中专学校读书已经算半只脚踏进了社会，一定要学会人情世故。"张根九慢下来吃饭的动作凝神倾听。"你一定要积极进取，争取进学生会或者当个班干部，那样更能锻炼自己。"听到这一点，张根九领会了，学长是叫他勇敢地向老师毛遂自荐。"行，等去了班里，我自己掂量着处理吧。我感觉，别的都无所谓，只要咱干得好，老师和同学们的眼睛都是明亮的！"张根九答道，"不管咋样，这几年的时间可不能浪费掉！"

临走时，学长拍拍他的手告诉他："调整好状态，学校真正好的地方就是这淳朴务实的校风，那才是千金难买的。就像咱们学校的学生都有一个好习惯，学长们一定会帮助初来的学生，让大家感受到咱们学校的温暖。"这一刻，比起那些缥缈的对繁华的渴望，学长实实在在的帮助让张根九那团迷惘的心火倏地燃起。后来，张根九和学长成了好朋友，循着学长的足迹，也每年都早早来到学校帮助新生融入环境。这份情谊直到毕业后若干年一直存续，分毫不减。

求学苦亦乐

如果要问新的学习阶段带给他最大的感受是什么，张根九一定会说：除了学习课本知识，还要学其他社会经验，特别是与人的相处。步入更广阔的社会环境，他便不再只是"老张家的孩子""某老师的学生"，更是自己选择的那个有责任、有担当的大集体中的一份子。

新的生活开始了，张根九学的专业是企业管理，他被分到了六班，班主任叫刘秀，刚刚从师范学校毕业，不比他们大几岁，朝气蓬勃，和大家相处得十分融洽。在第一次班会上，刘老师征询全班民主意见，选举班级委员。学长的教诲张根九听进去了，他对自己的未来有了一些大致的规划和想法，因此十分积极地举起了手，向大家推荐自己。不过具体该怎么说才能充分展示自己，让大家信任自己，张根九心里可没底。他不爱说话，也不太会说漂亮话，可是也许正因如此，他在自我介绍时候的那寥寥几句却坚定、务实的话语得到了大家的一致认同。最终，他高票当选为劳动班长。

入学的流程结束就迎来了军训。不过，看似简单的军训却成了张根九他们入学以来第一个坎儿。虽然还是秋天，但集宁早晚的风已经刮得很烈了，迎着风，吹得脸蛋疼，背着风，直把人推得往前扑。一开始大家都踊跃表现，后来几天在大风烈日的摧磨下，脸起皮了，嘴也起泡了，嗓子也哑了。一张嘴说话，脸、嘴、嗓子一块儿疼，分不清哪儿疼得更严重。负责训练的唐教官从始至终都一丝不苟，教得多、训得扎实，苦和累是真真切切的。张根九也难受，每每听到站军姿口令的时候，他都感觉是"受酷刑"的开始。

不久，班里开始有人偷懒，开始有人抱怨，张根九的宿舍里就有同学动了打退堂鼓的念头，想着在下回训练之前找个理由请假不参训。身为班委又被舍友推选为宿舍长，张根九此时犯起了难。训练虽然苦，可他明白自己的心，自己是愿意做坚持下去的那个人，但是，每个人都会有自己的情况和想法，他既无法要求所有人同自己一样，更不能接受自己为了迎合别人而选择退却。他左右为难，如何不伤了大家的情分又能鼓励大家坚持下去？张根九坚信二者之间一定有平衡点。于是，他主动找到室友了解情况。面对张根九的关心，室友很感动，推心置腹地告诉了张根九自己的情况："根九，我不是想做逃兵，我身体的确吃不消，总是跟不上，真的害怕给咱们班丢人。"闻此，张根九也明白室友的症结在哪儿了，便主动提出解决的办法："这样，这段时间宿舍卫生我帮你承担一部分，咱们互帮互助，争取坚持下来，别辜负唐教官的付出，怎么样？"张根九找到了那个平衡点，成功地做通了室友的思想工作，室友也在张根九的鼓励下重新拾起信心，慢慢跟上了大家的训练步伐。

军训结束当天进行汇报表演，班里的每一个同学都精神抖擞。学校把这场汇报表演录了像晚上放给大家看，同学们惊喜地发现，因为做得好，张根九所在班级的镜头是最多的！这是集体的第一份荣誉，大家都欢呼雀跃，几乎每一帧都看得仔仔细细，唯恐错过一个镜头。看着看着，有同学开始皱眉头挑出了自己并不显眼的失误："不行，我好几个动作都做得不规范，在录像带里真明显，下次一定得把动作做得更标准！"军训虽然只有几天，但它教给了张根九太多受益终身的道理——苦难并不能带来辉煌，真正带来成就的是面对困难时的坚韧、勇气和策略；个人的坚持和努力必不可少，但团队与集体团结一心才能够取得更大的成绩。

　　班里的同学虽然没少抱怨唐教官严格，可是唐教官身上的自律、负责、忠实、真诚却深深感染了大家。张根九一直记得唐教官说过的话："你们以后不管做什么，一定得有为国家、民族奋斗的理想，有不怕困难的决心，有坚持完成任务的恒心。"学校离部队不算太远，唐教官只要一有空就会来看看他们，虽然军营比较难进，但是同学们也总是想去见见他，有时恰好碰见了，一群人就围着唐教官叽叽喳喳地告诉他在学校里的经历，唐教官就耐心地听着，满脸笑意。与唐教官的相逢相聚虽然短暂，却因为相互传递的温暖，历久弥新。

　　军训已告一段落，但集宁的冷风却没有停，并且还呈现愈演愈烈之势。不久，进入冬季，恼人的北风把本就寒冷的天气变得加倍磨人，然而更崩溃的是，学校的供暖设施实在是太差了。张根九的宿舍是平房，保温条件差，又离锅炉房最远，深秋刚开始供暖的时候那点可怜的热气就支撑不了一个晚上的暖意，到了深冬，就更加是杯水车薪。实在没法子了，学校只好采取用火炉子自己烧的土办法，一个炉子供两个宿舍，白天学校给烧，晚上自己负责。张根九和隔壁宿舍商量好了，轮着来。

　　尽管分配公平，但这并不算什么好差事，容易弄得灰头土脸。刚开始，有几位同学便产生了抗拒心理，生炉子的时候或是没经验或是不认真，烧得不旺。这样一来，半夜时炉火就会变弱甚至熄灭，宿舍就成了冰窖，被冻醒是常有的事。不过，对张根九来说，这件事情并不是什么难事，毕竟从小学开始他就负责烧班里的炉子，早就驾轻就熟了。每次轮到他值日，他就在白天提前按大小搭配好煤块。因为要想炉子烧得旺，一要保证有足够多的煤块，二要保证火焰能充分接触到氧气。晚上临睡前，张根九先用中等大小的煤块烧热宿舍，再在大家都休息以后交叠加上大块煤和小块煤，既保证了足够的燃烧物，又留出来燃烧的空间，火烧得旺，一夜不灭。所以每次轮到张根九值日，大家都十分开心。在张根九的影响下，有几位同学也不再糊弄，但难免掌握不好技巧，事与愿违，张根九就主动帮助他们，后来宿舍里变得温暖宜居、其乐融融。

　　4年的时间里，张根九给同学们留下的最深刻印象就是勤奋好学、稳重温和。学校里的学科竞赛、实践活动总有他为班级争光的身影，班级里有什么活动，像是聚餐、文艺晚会，他也总能充分考虑大家的喜好和特长，充分调动大家的积极性。没出校园的大孩子们喜欢开玩笑，有时候难免没有分寸，张根九听了也不多计较，憨憨一笑，调侃大家两句，就算是有什么争辩，张根九也从来不会脸红脖子粗，平和友善的微笑总是挂在脸上。作为班委，他也是最积极、最吃苦耐劳的，不计较、不抱怨；作为班里人缘最好的，大家都愿意跟着他干，向他看齐。当有人问他："张根九，你总是把自己的利益往后放，不觉得吃亏吗？"他还是憨憨地、温和地一笑："作为班里的一份子，这是我的义务。何况，大家选我做劳动班长是对我的信任和期待，我又怎么能辜负大家呢？"

四载春夏秋冬，张根九和同学们建立了深厚的友情。天气的寒冷、设施的落后、学业的艰辛、年轻的迷惘，都在集体的团结与融洽中组成青春之歌里成长的音符。许多年后，当大家再回忆起这段求学的岁月，记忆最深刻的就是团结的六班和身边脚踏实地的学习榜样——张根九。

⊙ 1989年6月，张根九（后排左三）和部分老师及六班同学合影

寒冬的思念

　　小的时候，张根九最害怕的就是冬天。丰镇的冬天太难熬了，在不富裕的年月里，他听过见过许多老人熬不过严寒，见不到春暖花开。长大后，张根九发现集宁的严寒不输丰镇。听着窗外呼啸的北风，他总是会担忧家里的情况。离开家，离开父母，深深的思念让漫长的冬季更加难熬。父亲年轻时为生计奔波劳苦，落下了肺病，张根九清楚地记得父亲每每在冬天里大病时的憔悴模样。如此一来，家里的活儿便落在母亲身上，别的都好说，打水是最困难的事情。那时要吃水，唯一的办法就是去外面的水井挑。为了保证用水不慌，就得多储水，每次去挑水都得在扁担前后挂两个桶，来回多次直到把足有半人多高的大水瓮填满才算数。

　　每到冬天，井口边沿附近的几步路都是白花花的坚冰。步履如飞的年轻人去抬水时尚且会摔倒，张根九不忍去想象上了年纪的母亲是怎样步履蹒跚一趟一趟把沉沉的水挑回去的。张根九只要一回家，做的第一件事必须是挑水，把家里所有能装水的全装满。母亲则总宽慰他不要担心，要好好学习，村里人经常会帮着挑水，要记得人家的好。

即使如此，张根九还是不放心，只要有时间他就会回家，没有班车就搭顺风车，哪怕只能待几个小时。有一次，同学的亲戚开车办事儿时正好路过丰镇和集宁，张根九和同学软磨硬泡才搭上了车——倒不是司机不愿意，而是驾驶室已经满了，他们只能在卡车后面漏风的车厢里待着，天寒地冻，委实怕冻坏了孩子们。

3个年轻人拍着胸脯说不怕冷。虽然刚上车时说说笑笑好不热闹，但很快身上的温度就让呼啸的风夺走了，那风就像带了针线一样把几个人的嘴巴缝得紧紧的，别说说话了，张开都费劲儿，已经冻僵了，他们搓着手脚，牙齿上下打战，鼻涕眼泪一块儿流下来冻成小冰碴随风飞走。好在路程在他们忍受的范围内，一下车刚到院墙旁，张根九就看见玻璃窗前坐在火炕上的父亲，寒冷的感觉瞬间抛到九霄云外，恨不得立刻跑到父亲身边。但是冻了那么久，双腿的麻木让他一个趔趄差点儿摔倒，没办法，他只能迈着小步子以最快的速度走。

　　炕上的父亲看见儿子回来了，也高兴坏了，打量一眼满脸通红的儿子问道："咋回来的？""坐了顺风车回来的。""冷不冷？""不冷！"张根九回答得干脆，但是那冻得发颤的声音却骗不了人。"自己先搓搓，暖和暖和。"父亲一边说，一边搓了搓自己像老树皮一样枯瘦粗糙的手，待有了些温度，才示意张根九把手递过来，轻轻握住给他取暖，一瞬间，暖流从手涌向了全身，暖得张根九的鼻子酸酸的。长大后，父亲很少这样了，而这一瞬间的触握，让儿时那些依偎在父亲身边的无忧无虑的日子一下子都回来了。过了一阵，张根九的身体暖回来了，便告诉父亲："爸，不冷了，我去干点儿活。"父亲先是顿了一下，欣慰地轻轻点点头后，缓缓地、不舍地松开了握着的手。张根九迈着轻健的步子就去挑水了，待挑回一担水以后，听到儿子回来的消息的母亲也赶了回来，进门就给他做饭。张根九连忙放下扁担按住母亲的手："妈，你和我爸先吃，我去挑水，一会儿还得回学校哩！"母亲听了他这话，说什么也叫他先吃了饭再说。

　　袅袅的香气从灶台上冒出来，那是村里关系好的人吃上稀罕饭后专程送给父母的。父母舍不得吃，全给张根九留着。饭桌上，母亲把大肉块子都夹到了张根九碗里。"送你回来的人是怎么解决吃饭问题的？"母亲问。"他们在办事儿地方吃。""那你就多吃点，可记得谢谢人家。""行！"张根九狼吞虎咽地吃了饭，一是母亲做得实在香，二是他得抓紧时间多担点水。吃好饭、干好活儿，时间正好差不多，他又急急忙忙搭上返程的车回学校去上晚自习。

这一趟来回并不轻松，能待在家里的时间只有两个小时左右。可是无论怎么样，张根九也要回家看一看。血浓于水的情感在他心里总能泛起最大的波澜，父母是这个已经可以顶天立地的大小伙子内心最柔软的地方，同样，无论孩子多大，父母永远都会给予他毫无保留的疼爱。

很久以后，张根九才无意中从母亲嘴里听说，那天父亲伸手给自己取暖后，因为本就身子虚，一晚上都不舒服，一直在咳嗽。张根九和父亲都不善言辞，父子俩表达情感都不是炙热喷涌的方式。可是那一握，让任何修辞言语都失了色彩。等张根九也做了父亲，那些浓烈的、激荡的爱也通过默默的、缓缓的方式流露出来，他才越来越懂父亲，越来越像父亲。

一个个冬去春来，四季轮转，时间残忍地压弯了父母的脊梁，却又慷慨地结实了他的臂膀。年轻的张根九知道，自己选择的这条路叫学业，只有努力学习充实自己才能回报父母、回馈家乡。

这样的信念支撑着张根九，在4年的学习生涯中，他一直名列前茅。在校学习的最后两年，刘秀老师被调去带新一届学生，他们班由姚根锁老师接手。姚老师同样认真、负责，对张根九非常欣赏。临近毕业那半年，学校组织班里的同学集体去商都县实习，起初带队的是班长李建国，但不久后，李建国同学就因为培训不得不离开商都县。带队实习的负责人之位一下子空出来，大家几乎想都没想，异口同声地推选张根九担任这一职务。事实证明，大家没有选错，由于踏实、认真、可靠，张根九不负众望地带领班里同学顺利通过了实习考核，他的实习成绩获得了优秀，并在毕业之际被评为"三好学生"。荣誉之下，实至名归，他为自己的学生时代画上了一个无悔的句号。

这4年，他的两任班主任老师对他的评价都非常高。姚根锁老师"沉着、稳重将使你前途更加光明"的赠言让张根九一生受益，而刘秀老师的激励——"我是相信的，在未来，他（张根九）一定会更加努力地发挥自己的才能和作用，为学校、社会作出更大的贡献"，则真的成了张根九日后的写照。

⊙ 1990年7月，张根九（后排右二）和姚根锁老师（后排左四）及六班全体班干部合影

⊙ 1991年7月，张根九（后排右一）毕业留念照

第三章 坚守在敬业的最前岗

扫码解锁

◎群英颂歌◎出彩人生
◎酒香万里◎奋斗底色

青年时代是人一生中最好的时光。当回顾起这段岁月，张根九脸上总是洋溢着笑，因充实度日而快乐，因有所作为而自豪。他的青春质朴却不单调——没有跌宕起伏，却用"敬业"二字填满了这易把人抛的流光。

初到制酒厂

1991年，张根九完成了在乌兰察布盟工业学校的学业，被分配到了丰镇市制酒厂工作。从丰镇走出去再回来，22岁的张根九怀揣着十足的信心和干劲儿。那时，中专学历在社会上有很高的地位和含金量，作为厂里为数不多考学分配而来的员工，张根九满怀信心，以为自己可以进办公室或者科室之类的管理岗，然而现实很快带给了他意料之外的惆怅——他就任的岗位是保管员，主要工作任务是给制酒车间发放原料。

其实，这种理想和现实的落差也不是第一回出现在他的生活里了，头一次去乌兰察布盟工业学校报到时是怎么"傻眼的"还历历在目。老天既然喜欢看人败兴垂头的窘迫样子，那就偏不让它如愿。"这个岗缺不得，干好了照样有大价值！"张根九自我打气道。

命运确实爱开玩笑，但这玩笑到底在人生里意味着什么，不到最后真的未可知。可能就连张根九自己都没有想到，恰恰是最初这个"不称心"的岗位，让他有机会深入接触制酒行业的第一线，进而成就了他毕生奔赴的事业。

不过这些都是后话了。眼下刚进入工作岗位，张根九就发现了一个亟待解决的问题：保管处为车间配给生产原料的时间是固定且有限的，工人们必须在规定时间里领取足量的粮食才能保证生产，这就导致工人们的劳动强度过大。自打张根九负责调配之后，这便不是问题了——因为无论何时，只要厂房车间有需要，他都随叫随到。这样一来，虽然他自己辛苦了些，但工人们的工作压力一下子减轻了不少。换做旁人可能会觉得张根九是在给自己找罪受，毕竟那时候的收入还不是按劳分配，干的活儿再多，拿到的工资也是固定的，他完全没有必要这样做。可张根九的想法很简单：这些工人每天都非常辛苦，自己还年轻力壮，多做一点儿也不怕。每次只要看见工友们因为自己的付出就能少受点儿累，他心里就有说不出的欢喜，疲惫的感觉瞬间就一扫而空。

　　勤恳的日子转眼就过到了冬天——乌兰察布难熬的冬天如期而至。二十几年来，无论是在家还是在学校，最磨人的便是这冬天的营生，现在来了工作单位也毫不例外。制酒的原料断不得，所以一般在下雪前，厂子就会在大院里存放足够的粮食以备不时之需。除了随叫随到给车间配给原材料，张根九大部分的工作时间是一圈一圈地巡视那一座座如小山般堆叠的粮垛。

　　乌兰察布的冬天，天蓝云白阳光好。阳光慵懒地洒在光秃秃的院子里，洒在那些盖粮的帆布上，洒在踱步的张根九身上，如果有人把这一幕捕捉下来，就是一幅闲适到有些无聊的画面。不过，只有画面里的张根九知道，在动辄零下二十几摄氏度的寒冷面前，阳光几乎带不来什么暖意。倘若遇上一阵呼啸而至的西北风，抽得人脸生疼倒在其次，最怕的就是它掀起帆布，把盖在底下的粮食刮走——张根九最怕的就是这西北风。

　　北风总能把更多的云吹来，从一片两片到彤云密布，埋没了瓦蓝蓝的天，一片阴沉，不见曦月，犹如千军万马兵临城下。风号着呜咽的声音，说不上是悲伤还是恐怖，雪花就伴着这冲锋号般的风声，先是试探性地降落，不多久便成簇地攻城略地。风招来了雪，还招来了沙尘。飞雪夹着沙尘，砸向四面八方，织成一张浑浊的大网，白魔肆虐下，天地混沌成一片。

这天晚上的暴风雪属实罕见，张根九甚至听见好几声照明灯泡冻得炸裂的声音。一夜风雪紧，最该做的就是在屋里煨着火炉子舒舒服服睡一晚上。尽管白天已经做足了准备工作，但是外面风吹雪花的声音却让张根九怎么也睡不踏实，他生怕风把粮食吹跑了。怎么想怎么不安，他便裹紧了大衣，拿起手电筒出去查看。

刚打开房间的门，扑面而来的冷气瞬间让他气儿都喘不上来。他索性一只手缩在袖子里掩住口鼻，另一只手拿着手电筒，借着微弱的光探路。风太急了，张根九这个壮实的小伙子都被吹得趔趔趄趄。不过只要每一个垛子上上下下都在淡淡的光芒下反射出和白雪截然相反的帆布的深色，张根九的心就踏实了。如此反复几次，不安心了就去看看，好在每次都是虚惊一场。直到夜深了，人实在乏了，吵闹的风雪声也成了助眠曲。

心里惦记粮食，再累也睡不好。当张根九迷迷糊糊地从梦里醒来，天还没亮，雪还在下，不过风声没有昨晚那么恐怖了。稍微清醒一下，然后一个鲤鱼打挺下了床，裹好衣裳，张根九推门就要出去看看情况。雪花没法攻占房屋里面，便不服气般都堆堵在门口，足有半个小腿高。张根九使出吃奶的力气也没把门完全推开，只能用力挤开一点就扫一点，慢慢地把门口的雪扫到一旁才成功出去。雪太深了，鞋子里面灌满了雪，每走一步都十分艰难，张根九顾不得这些，拿着工具向粮垛走去。

还好，因为前一天护得紧、看得勤，大风只刮开了一个无关紧要的小口子，张根九瞬间松了一口气，提了一晚上的心落回了肚子里。雪渐渐停了，张根九也把那个小口子补好了，便开始独自扫雪，一下两下，不知多久，他从冻得打战到出热汗再到汗水结成冰，浑然不觉。直到耳边由远及近传来窸窸窣窣的脚步声、说话声，原来是工友们来了，大家一起扫雪，张根九的干劲儿更足了。究竟扫了多少雪，挨了多少冻，他早忘了，可是保管的粮食一点儿没坏的那股高兴劲儿，却是到头发像雪一样白了的时候都记得的。

第一年工作，张根九就当选了厂里的劳模，而且一当就是十几年。有人问他怎能有如此高的无私境界和奉献精神，他只是嘿嘿一笑，谦虚地答道："我就想着把工作做好，为厂里增效是我该干的事情，仅此而已。"

⊙ 1992年，张根九被评为酒厂劳模留念

良缘差点跑

没多久，张根九就因为勤快和实在在厂子里出了名。当时酒厂的工人和干部基本都就近住在丰镇县（现为内蒙古自治区丰镇市）城里，像张根九一样家离得远的没几个。厂子里并没有职工食堂和宿舍，张根九他们就在办公室住，在门卫室里面的小屋弄吃的。一来二去，张根九就和在门卫处上班的一个大姐熟络了。大姐对这个踏实善良的小伙子很满意，几次说合着要把自家的远房亲戚介绍给他。

起初，张根九以为大姐在打趣，一心扑在工作上的他也没怎么在意。直到有一天，正在分拨粮食的张根九老远就听见有人叫他："小张——小张——"抬眼一看，正是这位大姐。他朝着声音传来的方向笑了笑，手上的活并没有停下来："咋啦？大姐。"大姐看他正在忙手头的事，便摆摆手道："我先不打扰你，你麻利干完，有大好事。一定快点儿啊！"看着大姐神秘兮兮的样子，张根九一头雾水。过了好一会儿，大姐见张根九迟迟没动静，着急了，找了个腿脚快的人来催他，恰巧张根九手头的活儿忙完了，便急忙跑去了门卫室。大姐一见张根九，连忙招呼着："哎哟，你可算是忙完了，快去换衣服，换身最好看的，带你去见上次和你说的那个姑娘。"还没从忙碌中缓过劲的张根九有点儿懵，脸唰一下子就红了。"行，行，就这样。"他一下子也不晓得该说什么了，赶快换上衣服和大姐去见那个姑娘。

路途倒不远，这一路张根九心跳如雷，好像从来就没有这么紧张过。刚和大姐进门，屋里的人就招呼他们快坐下："这可真是赶得太巧了，你俩再晚来一分钟，人家就走了。"那姑娘已经把包抱在怀里，这是打算离开了。张根九心里暗自庆幸："还好赶上了。"

没有偶像剧式一见钟情的情节，只有两张因害羞而涨红的脸和两双不敢对视的眼睛。此刻，好像说什么都不足以清晰表达当时的感觉。张根九强压下去难以言表的激动，朝对方郑重地自我介绍："你好，我叫张根九。"女孩也鼓起勇气抬头看向这张一样成了红苹果的年轻脸庞，一字一句回应道："你好，我叫杜爱芳。"这短暂又害羞的第一面差点儿就错过了，以至于后来两个人相互打趣："就是这一分钟定了缘分啊，如果岔过去，恐怕就各过各的了。"纯洁的感情萌芽悄然生长起来，在回去的路上，张根九心里默默地一遍遍重复女孩的名字：杜爱芳。

后来，女孩成了张根九的女朋友。不过用今天的视角看，张根九实在是不懂浪漫——他和心上姑娘的约会没有鲜花，没有礼物，没有海誓山盟，甚至相处很久后说句"我爱你"还是会脸红。美丽的爱情故事不一定非得有甜蜜的誓言，踏实的幸福往往就藏在生活的点滴细节中。

相处了一段时间后，一个星期天，难得有了空闲的张根九带着准岳父母去自己家里看看情况。这对小情侣都是农村家庭出身，杜爱芳是教师，她的父亲是村小学校长，母亲在家务农，身体硬朗。视线转到张根九这里，他自己当然十分争气，凭借努力进入了丰镇当地最好的国营酒厂工作，而来到他的家里，映入准岳父母眼帘的是张根九年迈体弱的母亲和3间风雨经年的土房，可以说是家徒四壁。

说实在话，张根九原生家庭的物质条件对任何爱女心切的父母来说，都不能接受。但是务农人都知道，再贫瘠的土地也能长出饱满的庄稼。杜爱芳的父母决定在村里转一转，看看究竟是什么样的土地培育出了这个勤劳朴实的人。村里几乎无人不对张根九父母多年来的帮助感念不已，对这个凭自己的努力拼搏出去的孩子也十分欣赏。无论问及哪家哪户，只要一说到张根九和他的家庭，都是夸赞不已。杜爱芳的父母了解了情况，对这个即将承托女儿一生幸福的青年人放了心。

日头西行，张根九和准岳父母回到了丰镇酒厂，碰见了给他牵红线的大姐。一听说准亲家都见面了，大姐特别激动，忙邀请他们去自己家里坐坐，好好庆祝一下。正当众人准备起身的时候，迎头过来了一个外地司机，为难地向张根九求助道："小兄弟，我这货拉来半天了，没找着负责对接的人，你能帮我问一下吗？"张根九从司机无奈的眼神里读懂了他的难处，人生地不熟又逢了个休息日，值班在岗的几人又都不是负责人也离不开岗，想帮也有心无力。张根九在厂里问了一圈以后也没有结果，至此他完全可以摆摆手对对方说抱歉，然后去大姐家里和女朋友一家其乐融融地吃饭，可他实在不忍心看着司机的希望落了空。于是，最为难的人从司机变成了他——一边是必须照顾好的心爱之人，一边是有困难的陌生人。在助人为乐上，他可以舍了自己的利益但是却不愿意伤了女朋友的心，正在纠结之际，准岳父替他解了围："你们先走，我和小张在这儿帮帮人家师傅，都不容易啊！"这一句话，不仅使张根九陡然从困窘中柳暗花明，也让他看到了即将携手一生的人也同样成长在淳朴善良的家庭。

既然厂里找不到人，那就得联系负责人了。最快的方式是一通电话叫过来，可是当时县城里单位电话都很少，更别说私人电话了。那就只能直接去家里找人了。张根九不想多耽误时间，毫不犹豫地蹬上自行车就往负责人家里赶，但是老天爷好像成心和他作对似的，那人碰巧不在家。张根九连续找了好几个地方，累得够呛，所幸终于找到人了。待他回厂子接准岳父，天都黑了。

正当爷俩打算离开的时候，老远就听见车间工友喊他的声音："小张——小张——你先别走，粮食不行了，帮我们换换粮食。"这本就是自己分内之事，他停下自行车，就顺手帮着换了。这边刚换好粮食，还没走几步路，锅炉房的人又找过来了："小张，锅炉坏了。"张根九一听捂着脸哭笑不得，敢情这是好事多磨呗，锅炉坏了是大事，必须马上处理，否则生产线都要崩溃。就在这个时候，生产车间不知情的工人都出来了，院子里乱哄哄一片声音。张根九立马先给大家解释情况，安顿好众人后，又赶快买了饭，跑去和准岳父说明情况：

"叔，对不住了，和您说个不好的事，厂子里锅炉又坏了，而且不知道什么时候能修好，我先给您买了饭，您别饿着。"准岳父看着张根九忙得汗涔涔的模样，慈祥地笑笑，说："行，我知道了，没事，先忙你的。"

或许老天爷真的就是要考验张根九的耐性，这天的锅炉是屡修屡坏，偏巧厂里负责值班的人也没料到这种情况，临时请假外出了。没办法，只能由本该休息的张根九帮忙，协助维修小工处理，一直忙到晚上11点多。等张根九回到办公室，准岳父已经鼾声大作，他只好等天亮了再和老人解释了。第二天，张根九怀着忐忑的心情和准岳父回去，准备迎接一场"暴风骤雨般的批判"。然而，到了家里面，不等张根九"认错"，老爷子就先开口把昨晚的事一五一十都解释了，大家这才知道是怎么回事。

等那个司机再次到酒厂送货的时候，还专门找到张根九道谢。张根九冲他开玩笑道："上次为了帮你，我的好姻缘都差点儿跑了。"玩笑归玩笑，张根九知道自己这样做肯定是委屈了女朋友。但良缘不会轻易跑掉，杜爱芳在了解了事情的原委以后，也不再生张根九的气了，相反，她更坚定地认为这个人能与自己携手一生——因为张根九的选择恰恰体现了他是个真正有担当、有责任感的人。

姻缘的红线牵引着他们成为彼此的伴侣。婚后，张根九还是一如既往地忙，家里的琐事大多都是杜爱芳在操持。她在离家10公里的学校教书，每到冬天，一大早骑着自行车的单薄身影都在和大风对抗。后来，他们的儿子张翔宇出生了，杜爱芳身上的担子就更重了。张根九看着妻子忙碌的样子十分愧疚，但杜爱芳说得最多的一句话却是："你就在外面忙吧，家里一切有我。"当然，平静的日子也会偶有涟漪，在柴米油盐里，彼此也会将委屈牢骚发泄一番，却始终能做到相互理解与支持。年轻时艰苦，彼此携手，后来日子虽没有大富大贵，至少在二人的共同奋斗下，生活条件好了不少。皱纹爬上眼角眉梢，体力、精力都不如从前，张根九猛然发现爱人上楼时，提些东西中途要歇好几次才行，顿觉时间无情地让很多东西都变了。不过也有不变的——张根九还是一如既往地忙，杜爱芳永远站在他身边毫无怨言地支持。在这对淳朴的夫妻心里，生活里的风花雪月不是虚无缥缈的，近30年的知心和默契早已经胜过千言万语。

⊙ 2000年11月，张根九和妻子杜爱芳、儿子张翔宇合影
⊙ 2009年10月，张根九和妻子杜爱芳、儿子张翔宇合影

成品保管岗

1997年，连续多年获得厂劳动模范称号的张根九被调到了另一个重要的岗位——成品保管。这个岗位直接关系到厂里产品的对外链接、销售核对。原来的岗位更多的是体力上的辛苦，新岗位则是对体力和能力的双重考验。

适逢酒厂减员，原来两个人的工作全部压在了张根九一个人的身上。其实纯粹体力上的辛苦对他来说并不是什么难事，他手能提肩能扛，一腔热情干劲昂扬。可是光靠蛮干不能真正为厂子带来更高的效益，特别是20世纪90年代后期，随着市场经济的繁荣，市场竞争的压力也悄然降临——只有做好合理规划与管理，辛勤劳动才能有更大的意义。

张根九面临的就是这样的情况。原来酒厂的产品根本供不应求，常常是这边刚出品了酒液，那边就已经销售殆尽，没有库存积压，厂里基本上没有库房这么一说。可是现在情况变了，广开销路的其他品牌抢占了酒厂的市场份额，大部分产品一时之间面临滞销的难题，只能够在酒厂附近租库房，甚至需要跑到离酒厂很远的服务公司去改造库房，把产品储存在各大存储仓库里面，等待客户来提取。这样一来，工作量增加了太多，客户取货时间不确定、货单的排列顺序杂乱、取货送货的效率低等问题也都凸显出来。甚至产品刚刚进入外租的库房，取货的人就来了，只好重新装车，再安排送出去。

一开始，有许多销售大户不了解情况，下了订单左催右催，结果发现货不能像以前那样及时送到，纷纷跑来酒厂问情况。等过来了才发现，乌泱泱围在张根九身边的全是等着取货的人，挤都挤不进去，只好悻悻而归。而等张根九一个个捋好顺序，再把货送过去以后，有些客户认为被怠慢了，便同张根九吵起来。任何的抱怨和争吵都不能解决矛盾，怎么办？几天的工作经验总结下来，张根九作出了一个无奈的决定——加班。同时张根九也意识到了，只放弃休息时间一味蛮干是不能从根本上解决问题的，统筹好时间才能提高效率，才能让这个班不白加。

订单像雪花一样散落在他的脚下，张根九一个个分拣，他发现，零买的和少量要货的单票多且杂，往往单主本人不定时就要来取，而大量要货的单主往往需要一个明确具体的送货时间，因为卸货、点货也是一项大工程。于是，他尽量在上班时间把庞杂的零售货物交付给单主，付酒的时候就把3扇门同时打开，统一规划哪些单主去哪个门装货，既不出错，又提高了效率，大家都满意。至于大单子，他则利用中午休息和晚上下班的时间集中处理，一个个安排时间，通知送货。当一车一车的货按时按点送到单主面前，问题便迎刃而解了。

　　在当成品保管员的两年时间里，加班成了张根九的家常便饭。他的真诚让许多顾客从理解到赞赏，以心换心，这些顾客成了酒厂忠实的合作伙伴。当时，有一个50多岁经常赶着马车来提货的老人，以给人送酒为生。因为上了年岁，手脚不利索，装车速度慢，张根九会主动帮他。可是每天只要他一来，马车就会横在仓库的大门口，堵得后面的人取货非常不方便，偏偏他脾气还有点儿倔，时不时就会和人吵起来。每次一听见动静，张根九就立马放下手中的工作耐心跟其他人解释。但这样下去也不是办法，所幸已经做了一段时间的成品保管员，什么时候是付酒高峰期，什么时候人少，里面的规律也摸清了。有天装酒的时候，张根九就同他说："老人家，下回你快下班的时候过来吧，那时候人少，我多等你一会儿，咱俩慢慢装，省得和他们呛起来。"老人家听了感动得不行："小张啊，谢谢你，这可太麻烦你了，你可真是个好人！"

自此以后好一段日子，每天近黄昏时，酒厂门口都会出现一辆慢悠悠的马车，车上坐着个动作慢悠悠的老汉。张根九只要一听见马蹄嗒嗒伴着"嘚——驾——吁——"的声音，就马上缓下手里的活儿，等着帮他一块儿装酒。金色的夕阳照在老人树皮一样的皮肤上，照在张根九浓黑的头发上，照在散发着勾人香气的酒液上，照在两人额头的汗珠上，一日复一日，像是为这位老人送上顺利完成每天送酒任务的祝福，像是告诉他就算日光迟暮，还是会有人等着他来光顾。每次装好了酒，张根九都会目送老人离开，看着那佝偻的身影走远，和逐渐暗下来的光线一点点相融，直到完全消失在视野里。

后来，张根九不做成品保管员了，老人也因体弱年老送不动酒了，两个人几乎没再见过面，但是总能听见朋友、顾客和他说："嘿，小张，还记得那个赶马车的动作慢悠悠的老汉不，他老是念叨你呢。""啊？念叨我啥呀？""念叨你是个好人。"

张根九在成品保管岗的日子忙碌又充实，那时候他最大的愿望就是好好工作，让厂里的效益好一点儿，让自己的小日子过得好一些。1998年，他迎来了人生之中重大的改变和荣耀，由于技术过硬、贡献突出，张根九光荣地加入了中国共产党，这让他开始重新思考自己的理想和目标。沉甸甸的党员责任感促使着他不断进取，凡事都按党的章程要求自己，也就是从这个时候起，张根九立志胸怀里不只有"小我"，更要有"大家"。

扫码解锁

◎群英颂歌 ◎出彩人生
◎酒香万里 ◎奋斗底色

⊙ 1995年，张根九在酒厂办公室留念

第四章　致力于长远的发展方向

扫码解锁

◎群英颂歌 ◎出彩人生
◎酒香万里 ◎奋斗底色

　　张根九明白一个道理：无论是个人还是集体，想要实现持续发展，既要勤劳踏实，亦要将眼光放长远，拥有创新意识、统筹思维和整体眼光。

拼搏在车间

　　参加工作以来，张根九一直是厂里的劳动模范，酒厂从上至下无一人不认可他的勤劳与付出。1999年，张根九担任了制酒车间主任一职。或许在一些人看来，制酒是粗活，简单得很，张根九当了主任，只需要坐在办公桌前统筹指挥车间的工友们就行，应当十分光鲜亮丽。然而，个中辛苦滋味只有张根九知道。

　　制酒根本不像外行人看起来那么简单，空有力气酿不出好酒，不懂技术则无法安排得当。张根九之前虽然不在制酒的车间里工作，可七八年时间与制酒原材料、酒液成品打交道，与一线生产工人接触，他心里早已深谙一个道理：制酒就像张飞穿针——是一项粗中有细的技术活。即使是同人同料，时间不同或者用心的程度不同，产出的酒会天差地别。一开始，张根九并不熟悉里面的门道，当时车间里有两个班生产的酒优质率非常高，他就在工作的过程中虚心跟着班里的老师傅学习。

老师傅告诉他，制酒的每一道工序都需要耐心和细心。就拿制酒最后一道工序——步踩窖子来说，第一次看的人准会觉得这是一个有些令人摸不着头脑的事情：几个师傅下到窖池里，从池边开始来来回回地转着走，一脚一脚把四边踩实。这看起来不像在酿酒，倒像是在窖池里面蹦着玩，似乎并没有什么必要。如果真的这样认为的话，那就大错特错了。"要是窖子踩不好，最后酿出的酒总要流失，而且根本达不到质量要求。"张根九听了老师傅的介绍，震惊于小小的一道工序竟然会带来这么大的影响。"那咋样踩才对啊？"张根九问道。"踩窖子一定要踩实，这样窖池中的材料难与空气中的微生物反应，否则，不仅直接影响酒的质量，还影响产量。"听了老师傅的回答，他一一将这些学问铭记心中。

张根九从来不因自己是主任就倨傲，他虚心勤奋，学得很扎实，不久就把流程熟稔于心。被问及有什么学习秘籍的时候，张根九会说："哪有什么秘籍，就是多看、多学、多想。和酿酒一样，学习没有捷径，不能糊弄。"在和师傅学习的过程中，张根九发现了一件重要的事情：酿酒的工艺流程是不是按照科学标准执行会直接影响生产效率和产品的质量，而他们酒厂一直都是沿用传统的固态发酵纯粮食酿造的技术，这是酒厂产品最大的优点，却也成了企业发展的一大瓶颈——这种技术在实际操作过程中工艺标准不明确，只靠师傅和工人们的经验感觉来进行，不可控的因素太多，这也是造成酒厂的生产效率相对不高的原因。要是放在以前，可能影响还不是那么明显，但是现在，市场竞争之下现代化生产流程标准早已经是企业刚需了，倘若还忽视这一问题，那么酒厂迟早会跟不上市场需求。

想到这点，张根九立马组织了一班有能力、有经验的人统筹更新。从酒厂的市场发展目标、车间现有的设备生产能力、工人们的素质等方面进行多方位考察和分析，不知道跑了多少趟调研、开了多少会议、熬了多少晚上，最终提出一套改良计划：先是在工艺流程上提出了高要求——树立"零差错"的理念，接着又进行了全方位的改组和完善，以期形成岗位自检、下一步工序再检、全程全员质量控制的机制，使制酒车间一线实现科学可控。

这是一套非常有效的提质增量流程。但大刀阔斧的改革并不是件简单的事情，问题总是不断浮现。改革后酒厂的产品销量大大提升，但很快产量就跟不上了。张根九在厂里考察了半天，提出了废旧老窖池再利用的想法。这个想法让车间里欢腾了一阵，这样既物尽其用又直击问题，但没过多久，负责改造旧窖池的人员就笑不出来了，因为窖池墙壁上的窖泥要重新抹——重抹不是难题，难的是无论大家怎么抹，怎么研究技术，那新的窖泥就好像故意刁难这帮人一般，前一天抹好后一天就掉下来。一连十几天的失败让大家有些泄气，一时之间，厂里渐渐传出了闲言碎语，有不解的、挖苦的、讽刺的、说风凉话的，张根九尤其着急，因为这接连十几天的失败是他经验不足、安排不周导致的，倘若只辛苦自己，他无怨无悔，可是这浪费的是整个车间工友的时间和精力。

不过，世上还是好人多。他平时的勤勉善良大家都看在眼里，所以虽然有风凉话，都很快被鼓励和帮助盖过去了。一天，有一个同事看着陈旧的窖池突然有了灵感，他连忙找到张根九："你问问建厂子时候的老工人，或许他们知道怎么解决。"张根九眼睛顿时就亮了，拿了一瓶酒就去找老工人探讨经验去了。

"您给看看这该怎么解决？"张根九把情况一五一十地对

老师傅说了，老师傅拧着眉毛咽了一口酒，砸吧砸吧嘴唇道："你可把我难住了，建厂的时候，这窖泥都是雇外面的泥工和木匠做的，不是咱们自己个儿弄的。以前坏了都是直接抹泥上墙就行了，现在这窖子也旧了，我看啊你们应该找专业的泥匠木匠，他们或许有办法。"

张根九听了建议，马不停蹄地回了厂里，找泥匠木匠师傅们出主意。师傅们虽然也没处理过这种问题，但非常积极地想办法，一个一个方案交给了张根九，他就带着技改小组的成员一步一步跟着学习，再一次一次地在厂子里进行实验。那几天，单位成了家，张根九满脑子都是方案。睡着了也不踏实，甚至有组员梦里都在喊着干活，突然嗷一嗓子就把这一组睡得本就不深的人全吓醒了，结果就是半夜三更困意全无，大家大眼对小眼，懵懵地瞅着疲惫又狼狈的彼此，一起哈哈大笑。

终于，皇天不负苦心人，在一个师傅的提醒和大家反复实践的过程中，张根九想出了一个办法。他蹬着自行车从师傅家里往厂里冲，满脑子都是"快去试试、快去试试"的念头，脸上的笑容是怎么收也收不住。到了厂里，停好车子，四处环望，看见一个空池子，张根九兴奋得过了头，飞跑着就下去了。结果刚下到池子里，张根九心里面就咯噔一下，他突然意识到这种长时间放置的窖池里面全是有毒气体，平时大家下来都要做足安全措施，几乎一瞬间，张根九全身的汗毛都竖起来了，脑子完全空白。他强迫自己冷静下来，但是周围的有毒气体呛得他喘不上气来，慌乱间根本找不到自救的工具，不知道过了多久，他只觉呼吸越来越困难，脑袋越来越重，肺越来越疼，眼前一片模糊，时间像是静止了一般，痛苦被无限放大。

绝望之际，耳边传来窸窸窣窣的脚步声，他以为是濒死的幻觉，但那脚步声越来越大，伴随着由远及近的呼唤。"这不是幻觉！"求生的本能瞬间把他从混沌里拉回现实。他狠狠搓搓自己的脸，一阵麻木但是又实实在在的触感让他意识到自己还活着，于是拼命憋气不让自己再吸入有毒气体，狠狠地跺着脚弄出声音希望工友们能发现自己。终于，一群工友发现了他，合力把他救了上来。

原来，是技改组的工友们在办公室里看见了张根九蹬着车子的兴奋身影，正想叫他一起商量事情，就看到他着了魔似的径直往车间空池子的方向跑，几人不明所以跟了上来，结果发现张根九没做任何防护就下了池子，吓得大家连忙四处寻找绳子，这才把他救了出来。虽说是有惊无险，到底是体验了一次死神在身边的滋味，张根九每每想起来就后怕得脊背发凉。技术要改进、效率要上来，可是安全绝对不能忽略。后来在大家的共同努力下，困扰许久的窖池改造终于迎来了成功。张根九又马上着手抓安全生产，他反反复复把自己这次生死一线的事当成例子，强调安全生产的重要性，从安全意识到隐患检查一个不落。因此，在他管理车间期间基本上没有发生过伤亡事故。

这次技术改进极大地提高了生产效率，为厂子节约了大笔资金成本，又使产品得以在后续及时跟进，为占领市场作出了巨大贡献。

但是，成绩的背后也含着辛酸。把时间精力都奉献给了工作，张根九深感亏欠妻子和孩子。妻子杜爱芳虽然十分理解丈夫，可是在听见张根九用云淡风轻的口吻讲述那场几乎生离死别的意外时，泪水涟涟而下，怎么也止不住。"你就不爱惜自己吧！你要是真的有什么三长两短，叫我和孩子怎么过？"杜爱芳的话是埋怨的，可是那因后怕而深深透出的担忧却怎么也掩不住。张根九有太多话想对妻子说，但是爱太深亏欠太多，常常话到嘴边，又不知道该从哪件说起。

因为忙碌，他几乎缺席了儿子张翔宇的童年。现在已经长大的张翔宇脚腕上有一处浅浅的疤痕，人高马大的他从来都没有在意过它的存在，可作为父亲，张根九每次看见都会深深自责，总是能让他的记忆回到那个寒冷的早晨。那年，翔宇只有3岁，张根九和杜爱芳工作都太忙碌了，只好把小小的孩子送去托儿所。那时候家里还没有汽车，只能用自行车后座驮孩子，一个早晨，张根九为了赶时间，都没顾上看孩子坐没坐好就往前骑。走了不远，他听见身后孩子稚嫩地喊了一声"哎呀！"但并没当回事，顿了一下接着往前骑。可是无论他怎么使劲，车子就是不动。这时候他突然感觉儿子在后面用小小的拳头狠狠捶自己的后背，他猛地意识到："坏了，把孩子的脚卷到车轱辘里面了！"张根九连忙下车，把孩子的脚从车轮里拖出来，他看见孩子厚厚的外裤已经被绞烂了，脚腕处留下了一道深深的醒目的淤痕。

张根九眼眶一下就湿了，他弯下腰摸摸儿子的头："翔宇，疼不疼？"小家伙倔强地摇摇头："不疼，爸爸我们快走吧！"但是眼里的泪水根本止不住。张根九看着儿子强忍的模样再也忍不住了，眼泪吧嗒吧嗒地往下掉。这时候，3岁的小翔宇却抓抓爸爸的衣角："爸爸，快走吧！"张根九驮上孩子接着往前骑，等送到托儿所，把孩子交给老师，他又不放心地问道："孩子，和爸爸说，疼不疼？"张根九捕捉到了儿子稚嫩的脸上没干透的泪痕和面对爸爸时一瞬间闪过却被佯装平静掩盖的委屈，又听见儿子接着宽慰自己："不疼，爸爸再见！"小家伙挥着肉嘟嘟的小手，奶声奶气地同张根九道别。

马上要迟到了，张根九只好拜托老师帮忙照顾孩子。没走几步，他实在忍不住悄悄侧头看了孩子一眼，翔宇也察觉了他的动作，往前迈了一小步，满眼泪花地望着他，手还在挥着。晚上去接孩子，老师不无责备但也关切地道："翔宇爸爸，我们已经带孩子去医务室看过了，没伤到骨头。您就是再忙也得顾孩子呀！"他紧紧抱起孩子，像是捧着一颗珍宝那样不肯撒手，想来都是愧疚，孩子却从来不埋怨。

幸福都是靠双手一点点创造出来的，他选择了于公奉献。那些奔波在外的日子，家这个字眼是他心底的柔软和歉疚。但每年年底拿回来劳模奖状的时候，一家人欢聚一堂，共同为他骄傲。恍惚之间，他好像看到了父亲当年拿回奖励时那张藏不住幸福的笑脸，他理解了父亲，也活成了父亲那般淳朴勤劳的模样。

⊙ 张根九在酒厂办公室门前留念

勠力求创新

几年的制酒车间统筹管理经验积累下来，张根九不仅熟练掌握产品制造、人员调配，还对市场风向有了一定的见解与把握。21世纪是社会主义市场经济蓬勃发展的时代，它给企业带来巨大的机遇，同样也检验着企业效能，促使企业不断自我提升。企业想要生存发展乃至立于不败境地，就必须挖掘自己的特色，让顾客持续认可。张根九深谙这个道理，从走马上任做制酒车间主任以来，他的一系列调整无不是在尽可能地减损耗增效益，但是仅有产量还不够，产品质量才是竞争的核心要素。

在浓香型白酒生产过程中，窖泥的质量是决定产品质量的关键因素之一。2002年，酒厂特曲一车间产品质量出现了严重滑坡，从3月份到6月份，优质酒品出产率逐渐下降。这不是一件小事，浓香型白酒是酒厂的主力产品，特曲又是按定级区分后，质量上乘的酒液种类。这一滑坡现象让市场打头阵的产品折损严重，若不及时扭转，对酒厂的效益乃至口碑都将产生不良影响。这一现象引起了酒厂领导的高度重视，责成张根九和技术人员组成调查小组，限期调查原因，扭转局面。

受命于重要之事，张根九一刻也不敢怠慢，他组织生产技术人员下车间找答案。浓香型白酒的生产特点他熟稔于心，第一步就是一项项对所有的影响要素进行排查，以便确定要解决的目标点。进车间取样，一蹲就是好几个小时；下窖池观察，窖池里有毒气体太多，不能待太久，之前的教训还历历在目，张根九就做好一系列防护准备，安排人轮流连续观察；将样品和观测数据送到化验室找原因。办公室又代替家成了常住地，桌子上堆的都是从车间取的样品、实验的记录和关于酿酒理论的书籍。能想的原因都想了，能排除的因素都排除了，就是找不到问题所在。原本胸有成竹欲重拳出击，可天不遂人愿，每一拳都打在了棉花上，深深的无力感是张根九那几天最大的感受。

许多天过去了，期限在即，进展委实有限。张根九的付出领导和工友们都看在眼里，大家知道这件犯愁事是一块硬骨头，只得鼓励他，期待他有所突破，这下张根九觉得自己肩上的压力更重了。难道就此放弃吗？几乎身边所有人对张根九的评价都是不服输，让他放弃无异于天方夜谭。原材料粮食是均衡分配给各个车间的，人员培训、把关标准都是统一严格执行的，既然其他车间都没问题，那么错漏跑不出这个车间，张根九继续从头梳理、观察、实验。在一遍又一遍重复的实验中，窖泥里一些不起眼的白色结晶吸引了他的注意，正常情况下，窖泥是不会出现这种晶体析出现象的。

经过化验、分析，困扰酒厂上下好几个月的症结终于找到了，正是窖泥衰退导致了酒液质量下降。不过，这好好的窖泥怎么就突然出了问题呢？老祖宗几千年的酿酒经验流传下来，大家都知道一件事，窖池越老，酒品质越高。新挖的窖池一般要等十几年才能成为老窖，根本无法满足生产需要。于是，用人工培养窖泥去模拟天然老窖微生物状态的方法成了各大酒厂生产浓香型白酒的普遍选择，这样很短时间之内就能生产出风味和口感都达标的优质白酒，极大地提高了生产效率。当然，人工培育的窖泥存在的问题也是非常明显的，从泥土选用到日常养护，一旦不到位就会出现退化现象，严重影响酒品质量。张根九后来发现，厂子正是在这方面没有处理到位。

窖泥里发挥作用的是微生物，所以保证菌群活性是关键。

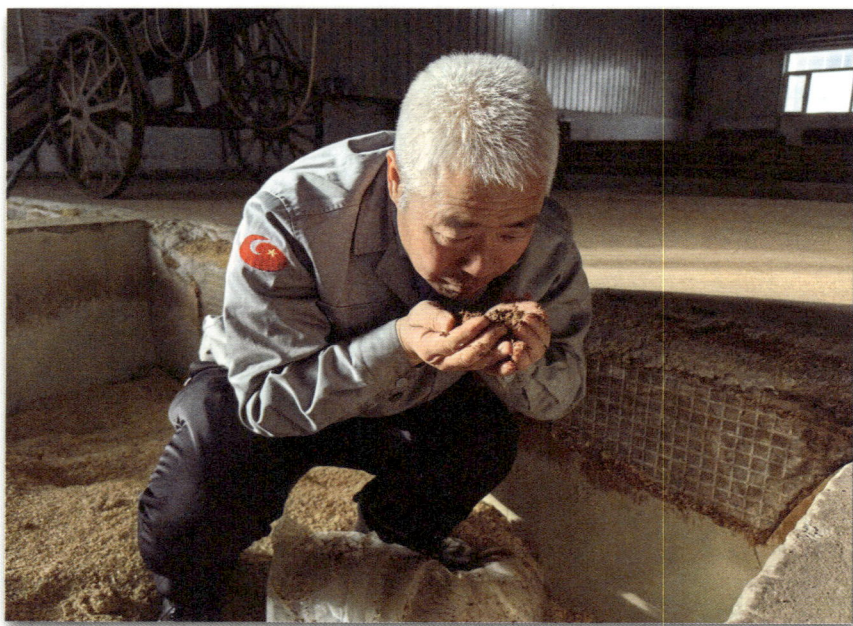

⊙ 张根九在制酒车间检查窖池中的原料

当初选用了钙含量偏高的泥土，在发酵过程中微生物把泥土里的营养元素如氮、磷、钾等消耗掉，代谢产生了酸类物质并与大量钙元素产生了化学反应，窖泥盐碱化而不适宜菌群生长；再加上身处气候干燥的北方也使得窖泥中水分大量流失，对菌群的伤害非常大，导致窖泥中微生物的活性大大降低，继而丧失了保质保量产出酒液的能力。

通过这件事，张根九深刻认识到了科学性和技术革新在生产中的重要作用。大家只知道老窖泥能生产出高品质白酒，却不知道窖泥里什么样的因素会对酿酒产生影响。所幸的是，悟已往之不谏，知来者之可追。在张根九的带领下，大家在工作中不断解决问题、认真学习、积累成果。在多年的一线工作经历中，张根九越来越深刻体会到，劳动者不仅要有勤劳的品质，也不能缺少持续的思考与学习。这就需要把眼光放长远，力求创新。

他山之石，可以攻玉。在后来改进问题窖池的过程中，张根九没有闭门造车，而是借鉴了外地的先进经验。如果说北方酿酒厂里普遍都会出现这样的问题，那么一定有厂子有相对应的解决思路。南方制酒厂的窖泥情况良好，可以作为参照的标准，再结合本地的情况，具体问题具体分析。张根九创新出一整套改良方案，包含从泥土的选择、配料的调整、工艺参数的改进到窖泥的发酵温控和养护等环节，方案科学细致，可行性高。依据这套方案，优质酒出产率由原来的20%增加到26%左右，但耗粮量由每吨酒耗粮2500公斤下降到2100公斤左右，年增效益足足达到了120万元！在这样的思路引领下，多年以来，张根九不断深入学习，研究各地的制酒工艺，根据当地的自然气候、产品口味等特点，融合酒厂自身的条件特点，带领技术人员不断攻坚克难，突破创新。渐渐地，许多创新变成了酒厂的核心技术，使得产品在竞争激烈的市场之中开拓出独树一帜的天地。

创新的脚步永不停歇。2008年，酒厂转制，成立了内蒙古丰川酒星酒业有限责任公司。在长期的市场调研过程中，张根九发现了新的市场：随着消费水平不断提高，消费者口味更加多样化。2012年，在公司迁移到新址，需要生产技术革新的时候，张根九提出引进大曲清香型生产工艺的建议。这一提议很快得到公司领导的一致认可，自此车间多了一条大规模的清香型白酒生产线，使得产品种类更加丰富，生产结构更加完整。在这条工艺线上，公司特别采用了地缸发酵的技术。

所谓地缸发酵，就是将原材料放置在一个个高度1米左右的圆形陶瓷缸里，埋在地下进行发酵酿制。由于每个地缸的大小有限，车间酿制酒液需要准备成百上千的缸，远远望去非常壮观。很明显，这样的生产方式成本高，技术要求更高，但张根九并没有把思路限制于此，思考斟酌之后，他发现这样的酿制方式不仅可以最大程度保证清香型白酒的酒味纯正，还可以有效隔绝细菌，也可以有效避免有害微生物污染和杂味的产生，不仅提高了产品洁净度，而且酿制过程更环保。果然，清香型白酒很快就成了同浓香型白酒并肩占据市场的主力产品，为公司扩大了市场覆盖面，加大了公司产品的市场占有率。

张根九始终秉持着一个信念原则：没有越不过的高山，只有不愿爬山的人。丰镇市夏季气候燥热干旱，以往夏天来临前，地缸之间的黏土需要进行起土补水的工作以保持湿润，但这项工作从开工到完成需要一个月时间，这也就意味着在这一个月里，车间无法正常生产清香型白酒，不仅浪费了劳动力，还大大制约了生产进程。

2014年，一个更加燥热的夏天来临，生产线上的棘手问题注定不能一拖再拖。当攻坚克难的任务又一次摆到面前的时候，比之年轻时期，张根九更多了一份游刃有余的从容之感。在经验和技术的加持下，他和技术人员很快就设计出了一款一次性的填埋补水装置，这个装置顺利解决了起土时期无法正常生产的问题。此外，张根九还预想到了极端高温气候对发酵的影响，未雨绸缪地在填埋补水装置中增添了恒温系统，使发酵环境得到优化。这两项技术为企业解决了两大技术难题，不仅为这条生产线多争取了一个月的生产时间，更稳定了夏季发酵的质量。这一年，公司的年产量比以往增加了10%。

在同事们眼里，好像没有什么问题能够难倒张根九，他好像拥有源源不断的灵感，总是能提出既贴切又创新力十足的想法。但对于张根九来说，他在行业里的得心应手绝非一蹴而就的，而是来源于多年以来的积累。问渠那得清如许？为有源头活水来。参加工作至今，张根九从来不曾放下的事情就是学习。哪怕是早已经在制酒领域游刃有余，张根九也总能挑出自己一大堆的不足。在少年时代形成的手不释卷的好习惯一直保持到了今天，就算实在是忙得挤不出来时间，张根九也在不断寻找学习的机会，比如出差。在许多人看来，出差是件劳碌奔波的苦差事，但是张根九却觉得这是难能可贵的学习时机。每到一处，或交接产品，或联系业务，或考察工作，他都会认真向同行业的朋友们学习和讨教先进的技术与工艺，并和大家分享自己多年来的心得经验。几年来，张根九先后到河套酒厂、四川贵妃酒厂等企业考察学习，增长见识，并把学习到的先进经验都应用到了公司的生产实践之中。

在经验交流过程中，张根九发现厂子里清香型白酒的生产线还可以进行升级：原来的车间小，夏天温度降不下来，冬天温度升不上去，严重拖慢生产的进程，影响产品质量的稳定性。他马不停蹄地设计改造方案，提交给公司。与此同时，还提议在窖池周围全部贴上瓷砖——看起来又是一项增加成本的工程，但张根九却坚持认为，在竞争越来越激烈、生产同质化越来越严重的市场环境之下，要想持续稳定客源、占据市场份额，提升品质、勠力创新才是企业的核心法宝，这一项技改看似增加了成本，却能在酿造过程中更大程度减少窖池杂质对酒液的影响，生产出的清香型白酒的口味自然更加清爽纯正，口感更加柔和怡人。实践是检验真理的唯一标准，几年下来，经过技术升级后的清香型白酒用好评如潮的市场反馈验证了这次技改的正确性。

在创新升级车间和制酒工艺的同时，张根九还发现，如今的市场越来越以消费者的喜好为导向，因此，产品营销统计情况也能够成为企业发展的宝贵信息资源。张根九把创新的思路放在了销售领域，提议建立消费者意见和建议统计的制度，并把它作为销售人员的一项重要工作内容。这一制度向生产一线直观反馈，为车间调整产品、改进工艺提供了有效信息，减少了盲目生产下产能过剩情况的发生。在这项销售改革的助力下，公司不断优化产品结构，先后推出了20多种新品类，改组传统产品8种，停产产品2种，实现了98%以上的销售率，企业总体效益增长10%以上。

如今，车间两大白酒香型生产线有30多个品种，包括了市场上久负盛名、极具竞争力的"酒星1950""十五年窖藏酒星"等特色种类，内蒙古丰川酒星酒业有限责任公司成了行业里的创新佼佼者。

同心向前行

"严于律己"是身边人对张根九的评价。从刚进厂做原料管理到就任车间主任，张根九对自己负责的每项工作都能做到一丝不苟。可企业效益的提升不能各扫门前雪，需要各岗位的协调和配合。多年来的管理经验让张根九深谙这个道理，从最开始只知道自己努力工作，到后来带领整个团队同心前行，他一直都将以身作则与有效统筹作为管理生产的"双股剑"。2010年，张根九又被委任为制酒车间主任，负责把关的生产环节更多了，身上的担子也更重了。但是，把控好生产是整体合力的成果，团队里的每一个人都和张根九一样有自己身上肩负的责任。

2011年2月11日是大年初九，大家上班的第二天。年节欢腾的气氛还没有结束，就遇到了一件糟心事。前一天下大雪，瑞雪兆丰年，本来大家心情都不错，可没过一天，锅炉车间就出岔子了：引风机叶轮毫无征兆就坏了，裂成了两半。锅炉车间是为整个制酒厂生产提供热能的一环，作用于蒸馏、发酵等工艺过程，这一环出问题相当于整个生产线刚开工就瘫痪了。厂子里的技术人员去锅炉车间一看，设备坏得彻彻底底根本无法修理，大家去库房里找，发现没有备件。见此情形，张根九安排相关人员就近联系购买这种配件。一通通电话打出去，能问的都问遍了，每一次电话拨出去的希望都被一次次挂掉电话后无奈的摇头给浇灭了，因为刚刚过完春节假期，大家都才开工，丰镇、集宁、呼和浩特全部都没有他们需要的配件。

屋漏偏逢连夜雨，停产又逢大雪至。正当大家焦急得如热

⊙ 张根九（左一）和全国劳模季蒙在制酒车间合影

锅上的蚂蚁之时，更坏的消息传来了，天气预报报道又有一场大雪即将来临！前一天看见那场忽如一夜春风来的雪景有多舒心，这一天听见这消息就有多闹心。但是大家都没有闲工夫去感叹，因为时值六九寒天，丰镇的最高温都在零下十几度，倘若再下一场雪，高速公路都得关闭，那样即使买到了零件也运送不过来。没有零件就无法修理供热的引风机，到时候整个厂子的管道都将冻坏。管道一旦冻坏，就意味着要等到开春天气暖了以后才能恢复生产。如果真的是这个样子，那公司的损失将不可估量！想到这些，大家都倒吸了一口凉气。

怎么办？公司的管理层紧急商讨方案。幸好，天无绝人之路，办法真的找到了！总经理协调到了河北张家口的一个工厂，这个工厂可以做叶轮零件。张家口离丰镇虽说不算特别远，可到底才下了雪的路还比较滑，就算紧急赶制快马加鞭往这边送也需要一定时间。万一真的赶上了天气预报报道的那场大雪，真的是生生戳碎所有人的希望啊！团队里的所有人都默默地祈祷："一定不要出差错，一定不要下大雪。"

大年初九那个夜晚谁都没有睡好，抓心挠肝、辗转反侧、长吁短叹！

2011年2月12日下午3点16分，这个时间张根九、维修人员、锅炉车间人员就算过了十几年依然记忆深刻。当从张家口紧急赶制的叶轮完整、及时地送到厂里时，所有人悬着的心终于放下了。因为不久前，雪便开始一片一片地往下砸，大家都吓坏了，不过最终算得上是有惊无险地过了这一关。

地上已经出现了一层积雪，密密麻麻的雪花落向地面的速度越来越快，大家不敢耽搁一分钟，早早就蓄势待发的锅炉车间的弟兄们、维修人员们立刻投入了修理工作。天越来越黑，雪越下越大，抢修工作的难度骤然增加。张根九他们的手机铃声此起彼伏，是领导们的关心和督促。大家似乎连寒冷也感受不到了，因为太投入了！焦急不已又必须冷静下来的矛盾情绪充斥在每个人心里，紧张专注的气氛弥漫在整个锅炉车间，维修的师傅们身上开始冒汗，在寒冷的天气里蒸发又凝结，细细看过去他们身上甚至冒出来白色的雾气。长时间高强度的抢修工作中，累、饿、冷都是早被抛在脑后的感觉，全心全意只关注一件事：快修好，争取将损失降到最小。

晚上8点，当叶轮成功地安上去那一刻，一整天的担惊受怕、5小时的疲惫不堪使大家连高声欢呼的力气也没有了，长长舒出去的那口气就是关于快乐的最大表达。点火，马上点火，恢复锅炉的运转！当大家满心期待引风机的叶片能呼呼转起来的时候，冰冷的冷水又泼了下来——刚启动的引风机居然又停了下来，不动了！怎么回事？难道是没修好叶片？大家反复检查，确定不是叶片的问题，查来查去，大家无奈地接受了事实——天气太冷了，锅炉的上水管在大家等待叶片、抢修叶片的这段时间被冻住了。好心情瞬间一扫而光。

垂头丧气也无用，大家很默契地继续投入了水管抢修的工作中，因为如果不抓紧把水管通了，使锅炉车间热起来，那么冻的地方会更多，造成的损失会更大。还处在年节里，夜空的烟火合时宜又不合时宜地绽放起来，随之进入大家耳朵里的是噼里啪啦的鞭炮声以及又响个不停的手机铃声——这回是家人朋友的。是啊，大晚上合家欢聚，谁不想早点回去，谁情愿在飞雪冷风里汗流成股、忍饥受累？能走吗？能撂挑子不干吗？大家都难过、烦躁，可是无一人抱怨，此时此刻，抱怨是最没用的，赶快疏通管道才是关键。张根九和团队里的所有人不谋而合。"丁零零——"张根九的电话也响了，一接起来，是妻子杜爱芳的声音："咋这么黑了还不回家啊，加班呢？""对，还没修好呢，你和孩子先吃吧，别等我了，估计还得好一会儿呢。""行，知道了。"家人的关心让张根九心里暖暖的，像这样的忙碌、与家人的失约已经是家常便饭了，但是妻子和儿子都懂他，懂他的苦、忙、累，懂他的责任感，懂他的奉献心。

没有人多说一句话，冷得、累得、忙得已经没有多余心思说什么了，所有人都行动了起来，烧水的烧水、烤管道的烤管道，就连值夜班的门卫人员也加入了疏通管道的大军。将近晚上11点，功夫不负有心人，管道通了。"没事了吧，应该没事了吧？"张根九心里默默想着。炮仗声差不多停了，车间里很安静，这时候不知道从谁的嘴里冒出来一句："等会，你们听，哪里来的水声？"大家屏息凝神，那滴答、滴答的声音不大，却像针一样直直刺向大家的耳膜。凭借大家多年的经验，一定是上水管冻裂了，水顺着裂缝，一滴一滴地冒了出来。一波又三折，事情接连不断，大家只能撑着又冷又困的身体，强打着精神去找管卡子堵住裂缝，不过，经过一番寻找，也没在库房里寻见管卡子的影子。一通通紧急电话又打出去，经常合作的几家水暖经销商处也没有。没办法，去大街上碰碰运气吧。在张根九的安排下，大家兵分几路到已经一片漆黑的街道上挨家挨户地敲打门窗，去问有没有管卡子。

没有，没有，没有。要不就是没有人答应，要不就是没有存货。有的店铺老板被吵醒以后，冲着他们怒吼："不看时

⊙ 张根九在车间检查过滤器

候，几点了！"他们连连向人家道歉。可是不管几点了都得买到管卡子啊！想到公司的利益，想到大家大半天的辛苦，不能功亏一篑！所有人都默契极了，一家家敲，一家家问，一家家找。终于，当一家店铺老板打着哈欠揉着惺忪的睡眼从一堆零件里找到管卡子的时候，这群大老爷们儿就好像看见了垂涎已久的心爱玩具的小孩子，眼睛都直了，什么疲惫、寒冷、困倦，通通去九霄云外吧！身上的雪花，发上的冰痂，虽然看起来有些狼狈，但快乐是真的，是掩饰都掩饰不住的。丰镇寒冷寂寥的深夜里响起一群男人轻快地蹬自行车的声音。凌晨1点多，当久违的锅炉转动的声音再次响起，大家彻彻底底松了这口气。那天晚上，张根九累得倒头就睡。比起前一天的担忧、牵挂，此时此刻纵使疲惫，也感到巨大幸福。在最紧张的时候，这个团队没有一个人掉队，大家全都积极克服困难。这次默契的配合正是大家合作意识、共赢精神的最好体现。

公司总经理王泽民这样说道："公司发展到现在，经历过几次生产技术革新，张根九功不可没。"这是公司上下都认可的评价，但张根九却从不独自揽功。"没有完美的个人，只有完美的团队。"张根九总是这样说。"一个人就算再有能力、有智慧，但单枪匹马的力量终归是有限的，无论是在工作岗位上为生产增效，还是作为党员为人民服务，道理都是一样的，要充分发挥集体的力量。"在这样理念的指引下，张根九以身作则，不断带动和帮助身边更多的人一起进步。"这就是一个大家一起学习、追求真理的过程，不忘记'为人民服务'这一初心，一如既往地将本职工作做好，才能不辜负党和人民的重托！"

从参加工作开始，张根九就是厂里的年度劳动模范，这个荣誉称号几乎每年都如期而至。倘若翻开他们家装这些奖项的抽屉，准会看见一大堆奖状、奖牌、荣誉证书整齐地摞着。2006、2007、2008年，张根九连续3年被评为丰镇市优秀共产党员；2008年荣获乌兰察布市和内蒙古自治区"工人先锋号"称号，被评为全区模范共产党员；2009年荣获自治区五一劳动奖章，被评为全区知识型职工标兵；2010年被评为乌兰察布市劳动模范、内蒙古自治区劳动模范……具体获得了多少荣誉，张根九也记不清了。但无论如何，二十几年来，张根九对自己的定位永远都是一线工人。无论是最初认真负责的原材料管理员抑或后来带领公司制酒生产车间开拓创新的车间主任，张根九对本职工作方面的要求从来都没有变过——尽心尽力，尽职尽责。

　　2015年的"五一"国际劳动节前夕，国务院向全社会公布了《关于表彰全国劳动模范和先进工作者的决定》，张根九的名字赫然位列其中。4月28日上午，表彰大会在人民大会堂正式举行。对于张根九来说，这是自己作为劳动者最开心、最难忘的一天。他同近3000位来自全国各地、各行各业的劳动模范、先进工作者齐聚一堂接受表彰，所谓幸福与自豪，莫过于此。对于他而言，这份荣誉不是自己夸耀的资本，而是国家和组织对他的付出给予的肯定和鼓励，是他前行的强大动力。

　　"一个国家的非凡成就，总是由点点滴滴的平凡人物汇集而成。"这是对全国劳动模范和先进工作者的最贴切评价。从1950年第一次全国劳模评选表彰开始，新生的共和国土地上在广大平凡劳动者一点一滴的汗水浇灌中开出了非凡的花朵。模范们所代表的万千劳动人民，用半个多世纪的砥砺前行，将曾经一穷二白的国家托举到今天全球生产总量第二的位置。

第五章　传承爱和奉献的守望

扫码解锁

◎群英颂歌 ◎出彩人生
◎酒香万里 ◎奋斗底色

　　作为在这片贫瘠但厚实的土地上长大的孩子，张根九也像这片土地一样看似平凡却宽厚、踏实，蕴含着无限的生命力。曾经被春泥呵护的小树，经过岁月的洗礼成了栋梁之材。一颗心、一双手、一番事业回馈脚下的土地和身后的人民，传承爱和奉献成了张根九不渝的志业。

青山依旧"栽"

　　在张根九的回忆里，有一年，父亲参观了外地的林场。或许是被那一片绵延不尽的郁郁葱葱震撼到了，回来以后，父亲总是念叨："人家的林场真好，咱村子啥时候能有这样的林场啊！"那时张根九还不到10岁，但是父亲谈起那片茂密林场时憧憬的样子却让他记了很多年。

　　在那些贫穷的年月里，春日里虽然有风沙，但是没有严重到影响生活。后来包产到户，大家生产积极性高了，也有钱了——这本来是极好的事，但是因为意识不够，钱包鼓了的代价是连本来就算不得茂盛的树木被砍伐殆尽，也包括曾经见证了张根九童年和养活了村子的那些果树林，很多一两抱粗的大树也被砍成了树墩，偶尔有老者忧伤地坐在树墩旁叹息。于是，不知从何时起，挨过寒冷冬日后，迎接这个小乡村的还有春天时令人窒息的漫天黄沙。起初大家也没有太在意，但没几年，与严重沙尘天气相随而生的就是水土流失，再加上干旱，昔日能长出茁壮庄稼的土地失去了肥力，土地的沙化越来越严重。地皮养活肚皮，可地皮已然贫瘠，又怎么能保证子孙后代不饿肚皮？

生态恶化是天大的事情。看着满目疮痍的村子，作为党员，作为家乡的一份子，张根九决定贡献自己的一份绵薄之力。多年工作积累的统筹经验让张根九没有上来就蛮干，而是思考怎么样才能够真正解决问题。

实践是检验真理的唯一标准，张根九深谙这个道理。为了更好地了解情况，张根九一行人深入实地进行考察勘探。走在熟悉的崎岖山路上，张根九不复年轻时强健的体魄了。年轻时候能挑着水扛着柴满山满村跑，如今已到中年，这路走得越发不稳——一半是因操劳伤身，一半是为环境忧心。脚步丈量遍了丰镇永善庄的每寸土地，心里也有了清晰的烙印。带着这些详实数据，张根九特意请教了相关领域的专家。最终，众人齐心合力讨论出一套适合当地情况的方案——大规模种植柠条。

柠条是一种很有意思的植物，它是一种矮小的灌木，能在荒芜干旱的土地上存活。枝条幼嫩时，它的表面覆盖着一层又柔又白的小绒毛，春天里刚生长出来的淡青色的叶子像羽毛一样，看起来轻盈柔弱。可是随着时间流逝，幼苗不断抽枝、生根，叶子越长越狭长、坚挺，根系肆意伸展，在又旱又碱的半沙地里一年竟能长六七十厘米！慢慢地，嫩枝丫长成了老枝条，老枝条是漂亮的金黄色，在阳光下透着闪亮的光泽。5月，花开了，一眼望去满目都是灿烂的金黄色；6月，果生了，一个一个豆荚一般的果实是青色的；秋来了，果实就染上了灿烂的红色，倒和辣椒有几分相似。

这种植物对环境要求很低，耐风、耐旱、耐寒、耐高温，生长在土质沙化、昼夜温差极大、大风肆虐的永善庄再适合不过了。而且它发达的根系、纵横的枝丫能极好地巩固土壤、恢复土地肥力、抵挡风沙，从开春到深秋，鹅黄、青绿、黄金、灿红，恣肆地绽放着独属于它的生机，在一片灰黄暗淡的沙地上书写着生命的坚韧与美丽。仿佛它与生俱来就该属于这片土地——和这里的人民一样，艰苦打不倒顽强的意志，穷困磨不灭生命的热情。

不止如此，柠条还有极高的经济价值——柠条果实是一味中药，柠条枝干中的蛋白质含量甚至超过了玉米秸秆和多种牧草，富含10多种氨基酸、微量元素，能做高品质的饲料，对于以畜牧业为生的当地农民是极好、极便宜的选择。

在乡政府的支持下，荒芜的山丘栽满了幼苗，种满了种子，几年过去，一片葱郁的青山又回到了人们的视野，永善庄的环境得到了极大的改善，甚至连带着经济状况也好了起来。这是一个极好的案例，为整个丰镇乃至乌兰察布的生态环境以及经济发展都提供了新思路。

在不断奉献的过程中，张根九认识了一位对他影响深刻的时代领跑者——智呼声。智呼声同志也是全国劳模，他虽然罹患癌症，但依旧心系党和人民，政治鲜明、立场坚定，他身体力行地带领大家做有意义的事情，教导大家"多做实事，少说空话"。到了2021年，为了更好地落实习近平总书记"绿水青山就是金山银山"的生态发展理念，张根九连同包括智呼声在内的全国各地38名同志齐聚呼和浩特市赛罕区黄合少镇西五十家村，在这里，同样有一大片荒芜的土地亟待开发和治理。

2021年3月20日，呼和浩特市的土地已解冻，气候也转暖，阳光明媚，空气新鲜。这38人的团队由劳模和工匠组成，此行的目的就是为这片水土流失严重的黄褐色土地增添点点生机。由此开始，这片绿色从星星点点一直扩延成2689亩绵绵林海。这一大片树林正是由呼和浩特市赛罕区总工会联合黄合少镇政府、西五十家村村委共同参与种植的"劳模林"。它承载了劳模、工匠们的汗水、责任和热情，展现着他们的精神和风采，因此称之为"劳模林"。这片林地由防护林、观赏林、经济林共同构成，坐落在呼和浩特市区西北方向。每年春天的时候，来自西北的大风都会裹挟着黄沙准时侵袭呼和浩特，有了这片"劳模林"，就相当于多了一道有效缓冲风沙的屏障。与此同时，这片林地还起到了良好的巩固水土的效果，对当地的生态环境恢复起到了极大的推动作用，风来不携沙，那种漫天土黄色的恶劣天气会越来越少，老百姓抬头见蓝天的日子将越来越多。

这片林地肆意地向外伸展着枝叶，远远看去像是架起一道道桥梁。有风从远方吹来，绿枝抖动，像是致敬一般；有光从叶片间漏出，明暗交错，景色美不胜收。对当地人民群众来说，这片树林意义非凡。它的绿色生态景观基地集教育、观赏、休闲等多种功能于一体，许多人慕名而来。以"劳模林"命名，既肯定了劳模们的贡献，更树立了一种良好的舆论、价

⊙ 2021年3月20日，张根九在黄合少镇"劳模林"义务植树

⊙ 2022年4月29日，张根九（右）和儿子张翔宇在黄合少镇"劳模林"义务植树

值导向，对于人们特别是青少年树立正确的世界观、人生观、价值观会起到积极的作用。同时，这片勃勃绿海也为黄合少镇的乡村旅游项目助力颇多，成为一条极具示范意义的乡村振兴道路。

山又青，人有情。当荒芜的山栽满了盎然的生机，张根九不仅感受到了旧日的那些美好，更从心底为家乡的未来而高兴。

公益有情怀

由于地域偏远、环境不宜居，贫困似乎成了许多偏僻地区一直摆脱不掉的难题。尽管国家经济建设的步伐从温饱到小康持续迈进，但贫富差距仍然存在，需要许多有识之士共同砥砺前行，张根九就是其中之一。

之所以走上这条公益助人的道路，除了受家乡互帮互助的善良淳朴风气的影响，张根九还受到塔林夫的感召。谈到塔林夫同志，张根九不无感怀道："正是在他的带动下，我们才成立了乌兰察布市的公益促进会，召集了几百名爱心人士，帮助了许许多多的人和家庭！"

塔林夫同志的汉族名字叫王剑峰，他最为大家熟知的身份是北京公益服务发展促进会会长，也是民政部"全国优秀慈善工作者"荣誉称号、国务院扶贫办首届"全国社会扶贫先进个人"荣誉称号、第九届中华慈善奖"最具爱心慈善楷模"获得者。塔林夫同志于2000年投身公益慈善事业，创办了"希望旅程志愿者团体"这一优秀的慈善项目品牌，2008年与北京师范大学社会公益研究中心达成研究生培养实践共建合作，同年，他在人民大会堂受到胡锦涛、李克强等中央领导亲切接见。塔林夫同志对社会公益体系构建、公益理论及其学科建设、公益营销、企业社会责任等关乎公益慈善事业持续健康发展的系列问题颇有研究。张根九说道："正是在他的引导下，我才加入了公益慈善行业！"2014年2月，张根九和几位爱心人士成立了乌兰察布市公益促进会，张根九任第一届会长。

有了组织，乌兰察布的公益事业推进就更加成体系有规模，也能够惠及更多需要帮助的人。经过研究，他们在促进会下设了3个部门，分别负责社会保障、青少年发展、社区发展3个方面。众人拾柴火焰高，但如何带领大家"拾柴"也有方法。

公益工作系着两端，一端是心怀大爱的志愿者，一端是真正有需要的受助人，联结他们的是纯粹朴实的情感，不容一点儿杂俗浸染。公益活动不是作秀、摆拍，不能只顾自我感动，也不能随意、任性，浪费社会资源。尽管张根九刚刚接触这样成规模体系的慈善工作，但是他发现公益的本质是服务群众，既然都是面向人民，那么万变不离其宗，党的理念和路线正是统筹群众工作的锦囊之计。党员的身份时刻提醒着张根九，服务群众的根本方法就是不断学习，提高自身的素养。怎样的沟通才能更好地提高工作水平，让大家满意；什么样的公益项目适合当地情况、真正有效——这些都需要在不断的学习和考察中摸索。

没有实践就没有发言权，张根九在繁重的工作之余带领促进会的骨干同志一家家走村访户，他们踏遍了乌兰察布的偏远贫困山区，体味了贫穷弱势的哀愁。那一幕幕视之辛酸的场景，那一段段闻之叹惋的故事，坚定了张根九心系弱势的决心。在他的多方联络、积极筹划下，促进会的志愿者们开始成功践行着一项项有效果、有针对性的公益活动。

首先就是由青少年发展部组织的"一对一助学活动"，这也是针对当地亟待公益力量援助的问题之一。志愿者们先是专门组织队伍深入乌兰察布各偏远学校实地了解困难学生的学习、家庭等情况，随之将这些反复核实过的资料汇总上报。接下来，将这些资料上传网络，并在工作人员的积极沟通下寻找资助人，助力孩子们完成学业。在这项公益事业里，青少年发展部的志愿者们不仅关注了经济帮扶方面，更关注了孩子们精神世界的丰盈，在"一对一助学活动"的基础上延伸拓展"鸿雁传情"项目，鼓励资助人与被资助人、经济发达地区学生与欠发达地区学生互相往来书信，以达到相互帮扶、共同进步的效果。此外，青少年发展部还组织了学生夏令营，以不同地域的孩子们互换家庭、共同生活为主，让城市里的孩子们有机会深入贫困地区体验生活。

对于贫困地区的孩子们来说，受成长环境的限制，他们难以更多、更快地了解日新月异的社会发展，而对于城市的孩子们来说，除了高楼大厦组成的水泥森林，他们可能不知道田野上也会有恣肆奔跑的童年。"世面"从来没有向哪里见的限制，它是一个人的认知广度和深度的综合体现。当来自不同成长环境的孩子们得以平等、快乐地交流，甚至体验彼此的童年时，对于他们的成长是一笔很大的精神财富。

除此以外，孩子们的心理健康问题也是张根九一直关注的。青少年时期是身心发展的关键时期，而中小学生又普遍面临着交往适应障碍、学业挑战、娱乐活动受限、生理发育烦恼以及社会环境适应困难等多种成长问题。为了能让边远地区的孩子们也享受到同样的资源，青少年发展部开展了"一校一师"的活动。通过培训心理教师，达到让乌兰察布每一所中小学都能配备一名心理咨询师、建立一所心理咨询室的目标，为孩子们的健康成长保驾护航。

除却关注青少年的健康发展，乌兰察布市公益促进会还致力于关注其他困难群体、丰富社区居民生活。具有代表性的活动是创建了慈善超市和公益大讲堂。这两项活动由社区发展部负责，后者亦有青少年发展部的参与。所谓慈善超市，即经常性的社会捐助工作站、志愿服务管理平台和公益组织服务平台的融合体，这一部门由专业人员值守，以"人居处即有社区，社区内必有慈善"为理念，将社区服务建设工作和社区慈善救助工作有效结合；以日常捐助、志愿服务、公益传播、惠民服务等为载体，大力弘扬慈善文化和慈善精神。在志愿者们的努力下，慈善救助工作做到了群众身边，营造了和谐文明的社会氛围。

而公益大讲堂就是为丰富居民们的精神生活专门开设的社区讲座，通过专家讲座、互动交流、播放视频等丰富多彩的形式，向社区内居民群众免费开放，不断拓宽参与群体。志愿者们广泛联系、多方组织，针对不同群体开展各类学习教育和知识培训，以丰富多彩、喜闻乐见、寓教于乐的科普和讲座活动为载体，立足基层，大力弘扬社会主义核心价值观，让广大市民在家门口就能享受一场场的文化盛宴。渐渐地，这些文化活动成了乌兰察布市的特色，广大群众受益良多。

这样的公益活动没有流于形式，而是让乌兰察布市的广大群众确确实实得到了好处。在张根九当会长期间，公益促进会共资助贫困学生232名、筹集资金23万元；协调多家企业在各地农村小学建立和完善了20多个图书室；多次在乌兰察布市儿童福利院、乌兰察布市特殊教育学校、集宁敬老院进行捐助活动，并先后在集宁区、丰镇市、化德县、商都县、察右前旗、凉城县对贫困学生和留守儿童进行捐助。张根九深知因农村医疗资源落后带来的种种不便，许多老人根本没有条件也没有意识去做健康检查，他们基本是不适症状严重到无法忍受的时候才去检查，往往为时已晚。张根九和志愿者们通过多方努力，与北京友谊医院联合，在黑土台镇和红砂坝镇组织了大型的公

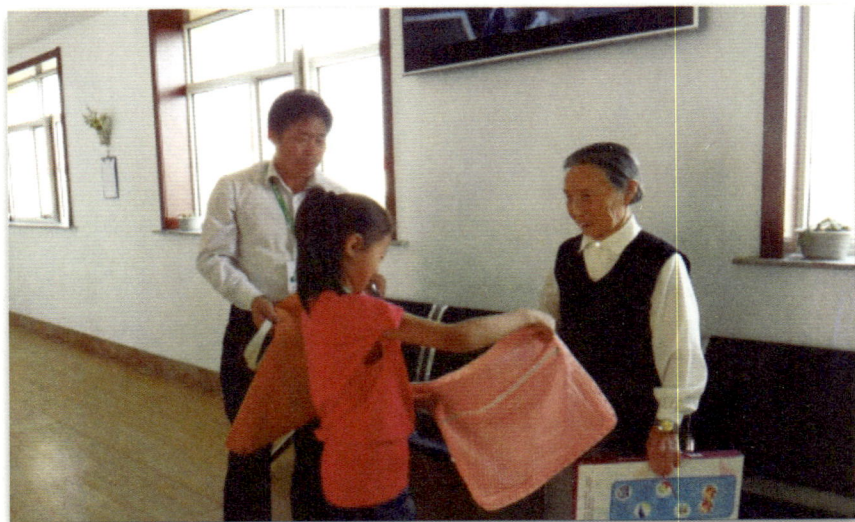

⊙ 2014年8月，张根九（左一）在集宁敬老院捐赠物品

⊙ 2014年9月27日，张根九（右二）等在德善小学捐赠物品

益义诊与捐赠活动，为远离城市医疗条件的贫困农民患者提供了更专业、更全面、更便捷的专家诊疗服务，为当地惠民政策的实施和社会和谐贡献了自己最大的力量。2016年，在中宣部、中央文明办等11个部委联合组织开展的全国学雷锋志愿服务"四个100"先进典型评选活动中，"鸿雁助学"项目被评为"最佳志愿服务项目"。

"只要人人都献出一点爱，世界将变成美好的人间。"公益促进会将乌兰察布市万千颗有爱的心连接起来，把温暖汇聚起来，传递到更广阔的地方，延续了一代又一代。这一志业，张根九全情投入，毫无保留，和他热爱的工作一样，已经成为他生命之中不可或缺的一部分。他说，也许有一天，他会没有力气一步一步走遍每个需要他奉献爱、传承守望的地方，但是他系着弱势群体的那颗初心不会改变。

"代表"交答卷

2012年对于张根九来说是非比寻常的一年。公司搬迁了新地址，在他和同事们的共同努力下，酒厂实现了技术再革新与扩大再生产，他还光荣当选了中共十八大的党代表。从1998年加入中国共产党开始，张根九在党的精神浸润下不断进取，党员的身份时刻提醒并激励着他。

张根九很了解群众需要什么。贫穷是他这一代人的深刻记忆，脱贫是人民的共同心愿，倘若没有经济基础，什么发展都将会是空中楼阁，难以持续，张根九深谙这个道理。十八大以来，张根九在党的领导下认真履行应尽的社会职责，在积极干好本职工作的同时，积极助力乡村振兴和精准扶贫事业，全力做一名让人民群众满意、党放心的基层代表。

在一次次的下农村调研中，张根九深刻认识到，扶贫并不是一件简单的事情。如果说做慈善是一种帮助有需要个体或群体更好发展的途径，那么精准脱贫就是在此基础上更深刻考量集体富裕的可持续性，需要兼顾个别与整体、短期和长期。这样的重任，除了需要一腔热情，还需要具备统筹兼顾的能力。

经过长期的具体调研和考察，张根九发现采取企业和村集体合作的方式，能够很好兼顾个体与集体，既能够解决村集体、乡镇发展中的许多问题，又可以让企业得到更多的发展机会，实现多方受益、协同发展。这正是张根九所擅长的，多年来的沟通、管理和统筹经验让张根九在协同多方企业负责人下乡调研方面游刃有余，又因长期走访一线乡村，在乡里了解协商，他对乡村具体情况熟稔，能准确又有效地提出合作构想。

丰镇的产业分布一直欠缺均衡性，一二产业接续发展动力不足，第三产业拓展开发力度不够，行业创新性一直不足……摆在张根九面前的问题不一而足。不过，俗话说，只要思想不滑坡，办法总比困难多。在种种阻碍面前，大家决定逐一击破。

农业上的问题主要体现在农产品资源不能得以很好利用，农民群众的收入来源单一，往往只能在种植与畜牧生产的初级农产品上得利，缺少深加工与销路拓展，市场竞争力小，好的产品卖不上价钱。既然提出了多方合作的可行构想，大家决定

⊙ 2012年，张根九当选为党的十八大代表

把这一思路变为现实。当地环境适宜苜蓿草生长，以往这种植物多用于景观或者制作成干草和青贮饲料。张根九一行人联系了相关企业，应用中国农科院专家研究的萃取技术，将当地大规模种植的苜蓿草资源充分利用，制作成苜蓿提取物。这种产品既可以直接食用，又具有极高的药用价值，能明显降血脂，排水利尿，降胆固醇，保持体内酸碱平衡，比单纯的粗加工苜蓿利润可观了很多。除此以外，还有马铃薯、玉米等淀粉含量多的农产品，倘若只作为粮食或饲料销售则卖不上价钱，张根九就找到拥有相关技术的企业将其加工为应用前景十分广阔的变性淀粉，将市场从固有的农业领域扩展至纺织、医药、建筑、石油等多领域。

在张根九多方联系下，村民们的脱贫致富之路越走越宽阔顺畅。在助农工作之中，张根九还结识了乌兰察布市冷凉蔬菜院士工作站负责人、研究员关慧明老师。和张根九一样，关慧明在一线农田奔走了几十载。20世纪80年代，关慧明从内蒙古农牧学院毕业，被分配到乌兰察布市四子王旗农牧局工作。当时，他完全可以留在办公室从事相对轻松的统筹管理类的工作。但是他深知，只有在基层躬耕农田，自己所学的理论知识才能更好地指导农业生产实践，真正发挥它们的最大价值。于是他主动请缨到农村去助农惠农，迄今已经近40年了。2008年，结合"冷"这一乌兰察布地域特色，与"凉"这一符合喜凉蔬菜的特征，关老师提出更符合当地实际情况的"冷凉蔬菜"这一创新性概念，冷凉蔬菜被列入科技部的支持项目，这项技术逐步成为帮助乌兰察布农民致富的重要途径。

有一次，关老师的女儿生了病，在北京住院。张根九给他打去电话询问情况，得知关老师还在田间地里忙得抽不开身，便劝道："您得关心关心孩子啊！"电话那边传来老人的一声叹息："等这两天地弄好了，我就去。"这一刻，张根九竟不知道该说什么了，他与关老师产生了共鸣。曾经儿子的老师也这样对自己说过，不要总是扑在工作上，多关心、关注孩子。但是他知道，一个人的社会责任越重大，系在他身上的那些羁绊就越多，他的牵挂就不会只是"小我""小家"。于公于私两边的情感都难以割舍，唯有忍着心痛和亏欠选择更重的一端。

田地那么辽阔，人那么渺小。可是，张根九在关慧明这里看到了奉献的光辉是怎样照亮那田地上承载的生机——是益然生长的作物，是笑容满脸的农民。在这个过程中，张根九说自己深受像关慧明老师这样的榜样的鼓舞，同具有相同志愿的人彼此影响，共同演奏了脱贫攻坚这一乐章，再多的困难，再多的辛苦，仿佛都成了乐章里的小插曲。

除了将农业与现代科技、工业生产联系起来，张根九还敏锐地察觉到当地旅游业的发展潜力。丰镇地区山多，很长一段时间以来，由于砍伐和破坏，一眼望去尽是秃山、荒山，不仅阻碍了经济发展，还使得生态环境濒临崩溃。十八大以来，在习近平总书记"绿水青山就是金山银山"的生态发展观指导下，政府投入大量精力致力于恢复丰镇乃至内蒙古自治区的生态环境。原来灰蒙蒙的山种上了树，几年下来，这些绿水青山就变成了具有旅游开发价值的"金山银山"。在张根九的奔走牵线下，有的企业开发了多年不利用的荒山，令之摇身一变成为远近闻名的旅游景点，有的企业和村集体联合开发当地旅游资源，利用村村相通的道路发挥各个村庄的独特优势，一举将丰镇旅游业汇入乌兰察布市乃至内蒙古自治区的大旅游之中，让生态特色旅游成为丰镇经济发展新的亮点。

这些无疑是张根九作为一名基层代表向党中央提交的优秀答卷。与此同时，党中央也通过像张根九一样一心系民的代表向群众传达了正确的发展理念，交付了令群众满意的答卷。在基层宣传党的大会精神时，张根九感叹道："党的十八大以来，乌兰察布发生了翻天覆地的变化！"

生态方面，乌兰察布市被评为"国家园林城市"，老百姓"推窗见绿、开门见景"，在党中央和总书记的关怀下，19个月就完成了岱海湖的生态应急补水大工程，黄河水淙淙流入岱海湖，碧波万顷、鸟翔鱼跃，令人叹为观止，创造了岱海湖从未有过的奇迹；民生方面，棚户区老旧小区改造，扶贫脱困全面完成，居民、村民收入翻了一番不止；产业方面，大量企业入驻工业园区，特色产品如"丰镇月饼""后旗红马铃薯""卓资山烧鸡""四王子牛羊肉"等实现产业化发展，远销十多个省市。

作为全国劳动模范，张根九一直发扬劳模精神，踏实工作，为企业、为社会不断献力；作为来自最基层的工人阶级党代表，张根九心系群众，将群众诉求与党的先进理念结合，内化成实实在在有益的提案，又深入基层为群众谋福祉、向群众传达党的关怀。

从党的十八大开始，张根九连续三届光荣当选为基层党代表，成为联系党中央和自治区群众的纽带。10年砥砺，10年务实，张根九向党中央和丰川群众上交了一份满意的答卷。这片厚实的土地上生长了丰熟的粮食，丰熟的粮食酿出香醇的酒液，看之朴实无华，品之却余韵悠长。这片淳朴的土地也养育了像张根九这样千千万万质朴的劳动人民，他们在这五光十色的喧嚣世界中看似寡言，却真真正正保持了实干、奋斗的美好底色，创造出远超于个体存在的更大的价值，可谓之真正的大音希声！

当谈到这些光荣的身份时，张根九只是淡淡地笑笑："我确实因为这些身份而感到光荣，不过让我感到骄傲的不是这些称号能带来多高的社会地位——事实上它也带不来，代表也好，劳模也罢，我只是万千同样光荣的劳动者的缩影而已，没有什么特殊的。真正让我感到光荣的是，它能证明我在有限的、充满偶然和荆棘的人生里做了许多有价值的事情，这是我作为一名党员，一名劳动者必须要承担的义务，仅此而已。"

传递党声音

2022年10月，张根九带着从北京人民大会堂汲取的党的二十大精神回到了家乡。几乎第一时间，张根九就来到了基层——车间里、校园中、田间地头，把党的关怀和党的声音用最接地气的方式讲给丰川大地上的千家万户。

每一次参会，他都感到震撼、兴奋，不仅仅是因为他能作为一名工人阶级代表参与到建言献策共谋发展之中，更重要的是，这些年来，祖国的强盛、党政的严谨、环境的优化、百姓的富足、民族的自信都是他能实实在在感觉到的。这些成绩让张根九每每深入基层传达党中央的理念时都怀着无比激动的心情。张根九的足迹遍布了内蒙古自治区7个盟市，从社区到学校，从厂矿到农村。200多场宣讲报告，党的重要会议精神经由他的精彩讲述，深入到基层一线，深入到群众中去。张根九是听着父亲讲述的精彩故事长大的，他从来不会把理论知识讲得干巴巴的，因为他清楚，自己面对的是不同背景、不同身份的群众，大家所关注的、感兴趣的也不一样。但无论如何，讲得生动有趣，才能真正把党的理念、党的关怀更好地传递给大家。

把持续的理论学习同自己的经历和所见所闻结合起来，理论联系实际地为大家做宣讲是个不错的方法。这些年来，无论是工作、出差还是进行公益与扶贫的活动，张根九亲眼见到的那些变化和成就都成了他的素材，结合亲身体会讲述党的改革开放事迹、党的光荣传统、党的光荣历史，他没有也不需要任何的语言艺术，只把这些故事讲出来，就是人民群众实实在在喜闻乐见的内容。张根九发现，车间里的工人喜欢听他讲在北京参加大会时的所见所闻，对于工人们来说，他们可以透过张根九的视角看到党对一线劳动群众的关注；校园里求知欲强的青少年学生对他在聆听党和国家领导人讲话时的心情则十分好奇，张根九的故事成了他们增加见闻的精彩实例；而乡间田里的老乡们则喜欢听他参加党的十八大、十九大、二十大的那些光荣经历……无论大家对什么更感兴趣，共同感受必然是党的关怀和党的声音，这些让身为党员的张根九感到十分幸福。

自律、自省、勤学、磨砺，张根九把一名合格党员、负责任党代表的要求当成座右铭，做到知行合一。对他来说，只是讲述终觉浅，绝知此事要躬行。在为人民服务方面，张根九作为基层党代表深受习近平总书记教诲的启发。2023年两会期间，通过媒体报道，张根九观看了总书记的考察行程。会见赤峰代表时，总书记亲切地说道："有机会一定去赤峰！"后来，7月中旬，总书记真的来了，一来内蒙古自治区就专程去了赤峰市的基层社区指导工作，并认真询问基层的党建、民族团结融合等关乎民生福祉的具体情况，同孩子们和社区工作人员亲切交流。看到新闻报道，张根九十分感动，他深觉自己还可以做得更好。对张根九来说，总书记对人民的关怀是他不懈奋斗的最大动力。

转眼间，那个在父亲怀里认真听故事的孩子，已经成为为内蒙古自治区各盟市人民群众深切传递大会精神的党代表。岁月也开始无情地染白张根九的头发，回望人生，张根九蓦然发现自己早已经到了孔子所说的"知天命"的年纪了。如今，对待工作和生活，他仍然保持着年轻人一样的"乐以忘忧"，他对个人荣辱得失从来淡然，却心系着社会责任、党的使命。他说青年人要树立正确的人生观，要永远对国家的英雄、先贤、模范心存敬仰。他语言平朴，力量铿锵，这位目光烁烁的劳模

⊙ 党的二十大会议结束后，张根九（中）在消防队宣传会议精神

身上，有着历尽千帆仍真挚的模样。

　　什么样的故事能够流芳？什么样的经历值得颂扬？莫说需要耀眼夺目、万丈光芒，天上的星星光芒闪耀，可是万万千千，谁能记得住这许多模样？身边的楷模或许乍一看平朴如常，却是真真切切，闪烁着人性的光辉，张根九正是这样的榜样！

扫码解锁

◎群英颂歌 ◎出彩人生
◎酒香万里 ◎奋斗底色